KB138786

장수지옥

장수
지옥

마쓰바라 준코 지음
신찬 옮김

동아엠앤비

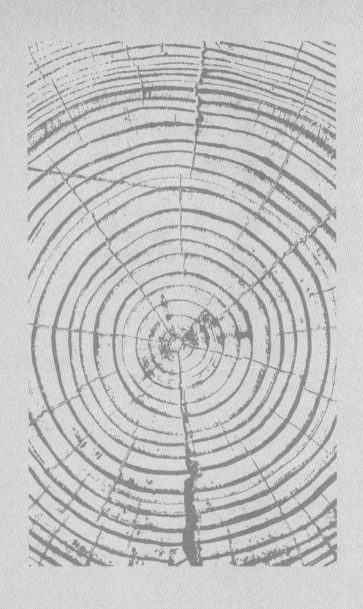

○

◉

들어가기

○

일본인의 수명이 계속 늘고 있다. 의학의 발전을 비롯해서 영양 상태, 위생, 생활환경 등 다양한 분야에서 삶의 질이 향상되었기 때문이다. 그런데 이러한 사실이 마냥 기쁘지만은 않다는 생각이 드는 건 왜일까?

최근에 '오래 살고 싶지 않다'는 사람을 자주 만난다. 60대뿐만 아니라 20대도 오래 살까 봐 두려워한다는 사실에 놀랐다. 요즘 젊은이들은 일자리도 부족하고 결혼 후 생활이나 연금에 대한 불안감도 크다. 그래서 오래 사는 것이 결코 행복으로 이어지지 않는다는 생각이 만연한 듯하다.

장수가 행복이었던 시대는 어느새 저물고 장수가 두려운 시대가 되었다. 물론 병마와 싸우며 하루하루가 너무 소중한 분들이 들으면 화낼지도 모른다. 하지만 그런 비판을 받는다 해도 나는 사실을 말하고 싶다. '나는 오래 살고 싶지 않다'고 말이다.

요즘 들어 부쩍 얼마나 살 수 있을지 궁금하다. 그래서 친구를 만나면 죽음에 관한 이야기를 자주 한다. 물론 그렇다고 빨리 죽고 싶거나 지금이 불행한 것은 아니다. 일상생활은 남들과 다름없이 보내고 있다.

100세지만 여전히 현역으로 활동하는 분이나 90대에도 정정하게 농사일을 해내시는 분을 보면 정말 훌륭하다고 생각한다. 다만 나는 그 나이까지 살고 싶지는 않다는 말이다. 아무리 멋진 삶을 사는 분들이 많아도 독신인 나는 오래 사는 것이 두렵다.

예전에는 달랐다. "다 생각하기 나름이잖아요? 나이는 상관없어요. 나이를 잊고 사는 게 가장 잘 사는 거죠. 다가올 일을 걱정하기보다는 지금 일에 집중합시다." 강연회나 글을 통해 호언장담하듯 말해왔다. 지금 생각하면, 왜 그랬나 싶다.

그러다 문득 무작정 두려워할 게 아니라 오래 산다는 것이 무엇을 의미하는지 구체적으로 알아보자는 생각이 들었다. 이 책은 이런 생각을 바탕으로 취재를 하면서 알게 된 내용을 엮었다.

처음에는 '오래 사는 게 두렵다'는 주제로 취재를 했

다. 그러다 취재하는 동안 일본에는 '죽고 싶어도 죽을 수 없는 고령자'가 매우 많다는 사실을 알고 충격을 받았다. 그야말로 '장수 지옥'이다. 어쩌다가 이런 지경에 이르렀을까? 원인이 무엇일까? 다른 나라도 마찬가지일까?

언제까지 살지는 신의 영역이지만 마지막 떠나는 길을 고통 없이 맞이하는 일은 인간이 스스로 선택할 수 있는 영역이다.

내가 얻은 지식과 느낌을 가능한 한 많은 분과 나누고 싶었다. 누구나 예외 없이 인생의 마지막 날이 찾아온다. 이 책이 그날을 안심하고 맞이하는 데 조금이나마 도움이 되기를 바란다.

2017년 여름

마쓰바라 준코 松原惇子

차
례

───

제1장
오래 사는 게
두렵다

───

제2장
르포, 장수 지옥의 현장에서
– 그럼에도 더 오래 살고 싶나요?

제5장
'좋은 죽음'을 위하여
-지금부터 생각해둬야 할 10가지 지침

제6장
어떻게 죽을지는 스스로 정하자

제1장

오래
사는 게
두렵다

○
●
오래 살면 어떡하지?
○

'세계 최고령인 오카와 미사오大川ミサヲ 씨가 2015년 4월 1일에 117세의 일기로 타계했다. 이제 일본인 최고령자는 도쿄의 시부야구에 거주하는 115세의 여성(이름 비공개)이다.'(2015년 4월 1일 시점)

'100세 이상의 고령자는 전국적으로 6만 5,692명이며 46년 연속 증가 추세다.'(2016년 9월 13일 일본 후생노동성 발표)

이런 뉴스를 들을 때면 '혹시 내가 저 나이까지 살면 어떡하지?'라는 생각에 진심으로 두렵다. 100세를 넘기고도 건강한 사람은 건강하기 때문에 장수를 꼭 부정적으로만 생각할 필요는 없다. 단지 나는 아무리 건강이 보장된다 해도 그 나이까지 살고 싶지 않다. 지금 나이에도 사는 게 고달파서 한숨이 늘어가는데 앞으로 30년이

나 더 노년을 보내야 한다고 생각하면 그 자체로 아찔해서 죽을 맛이다.

　내 어머니는 올해로 91세다. 등이 굽고 다리도 휘었지만 대단히 건강하다. 딱히 젊어 보이지는 않지만 두뇌 회전도 빠르고 일상생활도 척척 해낸다. 젊을 때부터 멋쟁이였던 어머니는 친구도 많고 지금도 매월 한 번은 꼭 유행의 거리인 긴자로 외출한다. 친구 분들은 그런 어머니를 보며 모두가 입을 모아 부러워한다. "너희 엄마가 우리의 목표야. 항상 건강했으면 좋겠어." 어머니는 본인의 건강을 스스로 잘 챙긴다. 그래서인지 오늘 저녁도 소고기 반찬이었다.

　자식으로서 어머니가 건강한 건 무엇보다 감사한 일이다. 하지만 '만약 어머니가 일본의 최고령자가 되면 어떡하지?'라는 생각이 들면 또 다른 의미로 두려움이 엄습한다.

　고령의 어머니를 둔 친구를 만나면 모두들 "어머니가 오래 사시는 건 좋지만 나는 그렇게까지 오래 살기 싫어"라고 말한다. 진심으로 120세까지 살고 싶다는 사람도 있지만 내 주위에는 독신자가 많아서인지 오래 살고 싶다는 사람이 없다.

내 어머니처럼 건강한 경우는 지극히 예외적이다. 보통 90세를 넘기면 집에서 간병을 받거나 요양시설에서 생활하는 분이 대다수다. 나처럼 90대 모친을 둔 친구가 두 명 있는데, 한 친구는 특별양호노인홈[1] (일본의 지방자치단체나 사회복지법인이 운영하는 공적 시설로 민간 시설인 유료노인요양시설에 비해 이용료가 저렴하다)에 모셨고, 다른 한 친구는 유료노인요양시설에 모셨다.

---

[1] 일본의 장기요양보험에 해당하는 개호보험(介護保險)으로 입소할 수 있는 특별양호노인홈이다. 비용은 다소 저렴하지만, 원하는 사람에 비해 시설이 부족해 3~5년 기다려야 하는 상황이다 _편집자 주

○
◉
당신은 몇 살에 죽고 싶나요?
○

　내가 주재하는 SSS네트워크(NPO법인)는 혼자 노후를 보내는 여성들을 주로 응원하는 단체다. 이곳에서 2015년 '당신은 오래 살고 싶나요?'라는 주제로 설문조사를 실시했는데, 결과는 다음과 같다.

　설문에 응해준 분들은 50대부터 80대까지의 독신여성 64명이며, 독신자라고 해도 이혼 경력이 있는 분도 있고 미망인도 있다.

Q 장수의 기준이 몇 살이라고 생각하나요?

A 60세 ············ 1명

　　70세 ············ 1명

　　75세 ············ 1명

　　80~85세 ······ 26명

　　90세 ············ 28명

95세 ·········· 5명

100세 ········· 1명

무응답 ········· 1명

※ 85세 이상이 장수의 기준이라고 답한 사람이 많았다.

Q 당신은 오래 살고 싶나요?

A 오래 살고 싶다 ·············· 9명

오래 살고 싶지 않다 ······· 37명

모르겠다 ····················· 18명

※ 과반수가 '오래 살고 싶지 않다'고 답했다.

오래 살고 싶지 않은 이유

체력 저하, 노화, 치매, 건강 문제, 두려운 노인 병원, 질 나쁜 삶, 낮은 자립도, 즐겁지 않은 일상, 노약자에게 불편한 사회, 경제 불안, 혼자가 두렵다 등 다양했다.

Q 당신은 몇 살에 죽고 싶나요?

A 80세 이하 ···················· 12명

~85세 ························· 31명

~90세 ························· 11명

95세 이상 ···················· 4명

무응답 ························ 6명

※ 85세에 죽고 싶다는 사람이 압도적이다.

설문조사를 분석해보면 현재 자신의 나이보다 10년

후에 죽고 싶다는 사람이 다수다. 다시 말해 젊을수록 죽고 싶은 나이대도 젊다. 다만 평균적으로 '85세'를 삶을 마감하기에 이상적인 나이로 생각하는 것으로 나타났다.

75세에 죽고 싶다는 50대 전문직 여성은 "누구나 75세 정도 되면 평소 아무렇지도 않게 하던 일들이 불편해지지 않나요?"라고 답했다. 그녀는 컴퓨터 작업이 서툴러지고 행동이 어눌해지면 '이걸로 인생은 끝'이라고 생각하는 모양이었다.

그녀가 실제로 몇 살까지 살지는 알 수 없지만 75세 이후의 그녀를 만난다면 다시 물어보고 싶다. 그때 그녀는 어떤 대답을 할까?

○
◉
오래 살고 싶지 않은 사람, 급증!
○

　오래 사는 게 두려운 사람은 독신자뿐만이 아니다. 헬스클럽 사우나실에 모인 주부들 사이에서도 얼마나 더 살지에 대한 이야기가 화젯거리로 빈번히 등장한다. 얼마 전에도 이런 대화가 오갔다.

　"○○ 씨는 요즘 왜 이렇게 안 보여? 도통 얼굴을 볼 수가 없네?"

　"○○ 씨 남편이 암에 걸렸다지 뭐야. 그래서 걱정인가 봐."

　"남편이 몇 살인데?"

　"70대일걸?"

　"암은 그나마 양반이지. 확실히 죽는 병이잖아. 병에 걸렸는데 죽지도 않고 오래 사는 게 더 끔찍해."

　"맞아. 나도 오래 살고 싶은 생각 없어. 우리 어머니를 아흔여섯까지 간병했는데 험한 모습 보이면서까지 오래 사는 게 좋은 건지 모르겠어. 불쌍하다는 생각까지 들더라고. 그래서 난 그렇게 되기 전에 죽고 싶어."

"그래 맞아. 나도 마찬가지야."

다들 이구동성으로 빨리 죽고 싶다고 한다. 그러면서도 사우나와 욕조를 열 번씩 왕복하는 60대 후반의 그 여성은 체력이 좋아 보이고 몸도 어지간히 챙기는 듯해 보였다. 말과 행동이 다른 그녀의 모습에 나도 모르게 웃음이 났지만 공감이 되는 터라 친근함마저 느꼈다. 그래서 사우나실에서 가끔 그녀를 만나면 오래 사는 게 얼마나 두려운 일인지 수다를 떨곤 한다.

종종 낮 시간대 강연도 하는데, 그때도 '죽고 싶은 나이'에 대한 이야기는 흥미로운 주제다. 일전에도 "죽고 싶은 나이에 손을 들어 보세요"라고 질문을 던졌는데 '85세'가 압도적으로 많았다. 너무나 예상대로여서 살짝 놀랐다.

나도 예외 없이 '85세'라고 답할 것이다. 왜냐하면 온전한 자신으로 살아갈 수 있는 한계 나이가 85세라고 생각하기 때문이다. 물론 막상 85세가 되면 '어? 어떻게 이렇게 정정하지?'라고 생각할지도 모르지만, 지금 생각으로는 85세가 이상적이다.

강연장에는 누가 봐도 85세를 넘긴 분도 몇몇 계셨지만 여기저기서 눈치 보지 않고 '85세에 죽고 싶어요'라며 손을 드는 걸 보면 다들 오래 사는 게 두려운 모양이다.

그런데 아무리 오래 살고 싶지 않다고 해도 언제 죽을지는 누구도 모른다. 그러니 이런 이야기에 열을 올려봐야 아무 소용없다. 그런데도 좀처럼 머릿속에서 떨쳐버릴 수가 없다.

자식에게 부담을 주거나 의지하고 싶지 않다는 고령자가 많다. 의리가 있는 건지 독립심이 강한 건지 모르겠지만 실제로 남에게 신세 지지 않으며 적당한 때에 죽기를 바라는 사람이 많다. 너무 오래 살지 않고 적당한 때에 세상을 떠나는 것이 오늘날 고령자가 꾸는 꿈인 셈이다.

한편으로 오래 사는 문제에 대해 관심이 없는 사람도 있다. 그 증거로 취미인 샹송 모임의 친구들과는 뒤풀이 자리에서 '장수'가 화제가 된 적이 한 번도 없었다. 이 모임 친구들은 남편과 자식이 있거나 손자까지 뒀기 때문일까? 아마 노래라는 공통점으로 만나서 다른 이야기를 할 틈이 없기 때문일지도 모른다.

하지만 그 친구들도 남들에게 터놓을 수가 없어서 가

족이 모두 잠든 밤에 홀로 와인 한 잔을 홀짝거리며 90대가 된 자신의 모습을 상상하다가 한숨을 내쉴지도 모른다.

나이 들어 치매에 걸릴까 봐 두렵다

'삐뽀, 삐뽀!'

평화로운 아침 시간, 방재센터에서 긴급방송이 터져 나온다.

"여러분, 여기는 ○○지구 방재센터입니다. 실종 신고가 들어와 안내 말씀 드립니다. 금일 10시경 70대 남성이 실종되었습니다. 키는 165센티미터 가량이며 체격은 보통입니다. 머리색은 백발에 가깝고, 갈색 셔츠에 검은색 바지를 착용하고 초록색 슬리퍼를 신고 있습니다. 이런 분을 보시거나 보호하고 계시는 분은 방재센터 또는 파출소에 연락 바랍니다. 이상 ○○지구 방재센터였습니다."

예전에는 주로 아이를 찾는 실종 방송이 많았는데 요즘은 고령자가 실종되는 시대인가 보다. 이런 방송을 들을 때마다 시대가 많이 변했음을 느낀다. 처음에는 방재

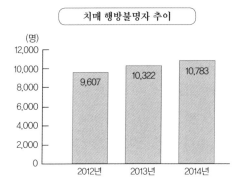

(명)

12,000

10,000

8,000

6,000

4,000

2,000

0

9,607　10,322　10,783

2012년　2013년　2014년

출처: 일본 경찰청 생활안전국 생활안전기획과

센터라고 해서 지진이라도 난 줄 알고 신경을 곤두세우곤 했는데 요즘에는 익숙해져서 '또 치매 노인이 가출했나 보군' 하며 놀라지도 않는다.

아무튼 이런 실종 신고 방송이 잦다. 그만큼 치매에 걸린 고령자가 많다는 반증이다.

실제로 매해 치매로 인한 행방불명자가 증가하는 추세다.

2007년 12월, 요要개호4(일본은 개호보험법에 따라 간병이 필요한 사람을 5등급으로 나누어 관리한다ー옮긴이)로 인정된 치매 남성(당시 91세)이 가족(당시 85세)이 잠시 한눈을 파는 사이에 집을 나가 열차에 치어 사망하는 사고가 일어났다. 이 사고는 철도회사인 JR토카이東海가 유족을 상대로 손해배상 청구 소송을 제기했다는 이유로 세간에 주목을 끌었다.

결과적으로는 '유족에 책임 없음'으로 판결났지만 초고령사회로 돌입한 일본에서 치매환자를 둔 가족이 사회문제로 크게 대두된 사고였다. 아무래도 오래 살면 치매에 걸릴 확률이 높다. 생명은 당연히 소중하지만 오래 사는 게 과연 행복일까? 치매환자를 둔 가족들은 고민이 깊다.

일본의 고령화율은 어떨까? 고령화율은 총인구 대비 65세 이상 고령자 인구의 점유 비율이다. 세계보건기구나 유엔은 고령화율이 7%가 넘는 사회를 '고령화사회'라고 정의한다. 14%가 넘으면 '고령사회[2]', 21%가 넘으면 '초고령사회'다. 일본은 1970년에 고령화사회로 진입했으며, 1994년 고령사회가 되었다. 그리고 2007년에는 고령화율이 21.5%가 되면서 초고령사회로 돌입했다. 일본 내각부의 《2017년판 고령사회 백서》에 따르면 현재 일본의 고령화율은 27.3%다. 이는 일본인 4명 중 1명 이상이 65세가 넘는 고령자라는 의미다.

———

2 한국은 2017년에 65세 이상 노인인구가 전체의 14.8%로 '고령사회'에 진입했으며, 고령화 속도는 세계적으로 유례없이 빠르다 _편집자 주

	남성	여성	남녀 평균
1990년	75.92세	81.90세	78.91세
2011년	79.44세	85.90세	82.67세
2012년	79.94세	86.41세	83.18세
2013년	80.21세	86.61세	83.41세
2014년	80.50세	86.83세	83.67세
2015년	80.75세	86.99세	83.87세

출처: 후생노동성: 제22회 생명표(완전 생명표) 개황
_2017년 3월 1일자

그렇다면 일본인의 평균수명은 어떨까?

후생노동성이 2017년 3월 1일자로 발표한 평균수명 추이를 살펴보면, 2015년 일본인 평균수명은 남성 80.75세, 여성 86.99세이며, 남녀 평균은 83.87세다. 표에서 알 수 있듯이 남녀 모두 전년도보다 수치가 다소 늘었다. 참고로 1990년도의 평균수명과 비교하면 남녀 평균수명이 4.96세로 약 5년이 늘었다.

나의 노모는 91세지만 다행히 치매 증상이 없다. 하지만 언제 치매에 걸려도 이상하지 않을 나이다. '실종자'를 찾는 방송을 들을 때마다 가족의 기분을 생각하면 남일

같지 않고 가슴이 아프다.

　60대라면 누구나 치매가 두렵다. 나도 예외가 아니며 치매로 판단력을 잃는 것은 암 선고보다 두렵다. 이렇게 말하기는 좀 그렇지만 가능하다면 암으로 죽고 싶다는 게 내 솔직한 심정이다.

　왜냐하면 암에 걸리면 대략 수명을 알 수 있어서 정신이 온전한 동안에 임종을 준비할 수 있다. 젊다면 암을 이겨낼 수도 있지만 환갑이 지나서까지 온전하지 못한 정신으로 계속 산다는 건 너무나 끔찍하다.

　10년 전까지만 해도 "치매는 무섭지 않아. 본인은 아무것도 모르는걸?"이라고 말했는데, 지금은 이 말을 주워 담고 싶다. 여기서 확실히 말해두고 싶다. 다른 사람은 어떨지 모르겠지만 나는 나 자신을 잃는 게 바로 죽음을 의미한다.

　내 절친은 환갑이 되기 몇 개월 전에 말기 암으로 세상을 떠났다. 병마는 본인도 놀랄 정도로 빠르게 일상생활을 잠식해갔다. 친구는 어느 날 허리가 아파서 구급차에 실려 가 병원에 입원했다. 이메일로 압박골절인 듯하다는 연락을 받았는데, 얼마 후 휴대전화로도 연결이 되지 않았다. 가족에게 연락했더니 말기 암 판정으로 시한부 진단을 받았고 앞으로 살날이 얼마 남지 않았다는 소식을 들었다.

"은퇴하면 같이 놀러 다니다가 노후에는 함께 살자"고 할 정도로 친한 친구였는데, 소식을 듣는 순간 눈앞이 캄캄했다. 불과 얼마 전에 같이 밥도 먹었는데, 그게 마지막일 줄은 꿈에도 몰랐다. 하고 싶은 일이 많은 친구라 본인이 가장 허무하겠지만, 너무 좋은 친구였기에 이렇게 황망히 떠나다니 신이 원망스러웠다. 장례식을 치르고 난 후 한동안 힘든 나날을 보냈다.

하지만 70세까지 산 지금 그 친구를 생각하면, 환갑은 좀 이른 감이 있지만 오래 고생하지 않고 죽어서 다행이라는 생각도 들어 마음이 복잡하다.

○
◉
도움이 안 되는 일본의 복지
○

일본의 복지는 왜 이 모양일까? 젊었을 때는 별로 관심이 없어서 몰랐지만 나이가 들고 나서 살펴보니 문제 점투성이다. 나를 비롯해서 어째서 사람들은 자기 일이 아니면 관심이 없는 걸까? 물론 앞뒤 재지 않고 사회문제에 적극적으로 참여하는 사람도 많지만 나는 부끄럽게도 후쿠시마 원전 사고 이후부터 사회문제에 관심을 갖기 시작했다.

65세 때 연금 수급 자격이 돼서 기뻤는데 금액을 보고 깜짝 놀랐다. 알고 있던 금액보다 적어서 어이없기도 하고 한편으로 분해서 견딜 수가 없었다.

예전에 친구가 "정부는 믿을 게 못 돼"라고 했는데, 그 말을 무시하고 연금을 계속 부어온 내가 바보 같았다. 게다가 나는 후생연금[3]은 없고 국민연금이 유일한 노

———
3 일본에서 일을 하고 있는 근로자가 필수적으로 가입해야 하는 연금으로, 만 20세가 되면 국민연금 대상자가 되고, 취업을 하면 후생연금으로 바뀐다 _편집자 주

후 대책인데 입금될 때마다 금액이 줄어든다. 조만간 반 토막이 나버릴지도 모르겠다. 아니 아예 사라질까 봐 걱정이다.

일반적으로 나이가 들면 연금 외에는 수입이 없다. 늙는 것도 서러운데 최저 생계를 유지해줄 돈마저 줄어드니 어떻게 생활하라는 건지 도무지 알 수가 없다.

반면 개호보험료는 줄기는커녕 계속해서 늘어난다. 더구나 개호보험을 이용하려 해도 정부가 개호 등급을 낮춰놔서 대상에서 누락되는 사례가 속출하고 있다. 손에 닿을 듯 말 듯 하다가 결국은 나와 상관없는 보험이 되어버렸다. 정부가 하는 일은 매번 이런 식이다. 개호보험 이용 요금의 본인 부담액도 10%에서 20%, 20%에서 30%로 오르기만 한다. 때문에 지금의 개호보험제도는 그야말로 그림의 떡이다.

개호보험료는 연금에서 공제하기 때문에 정부 입장에서는 손쉽게 거둘 수 있는 세금이다. 앞으로 국가는 점점 더 인정사정없이 보험료를 징수할 것이다. 방위비로 돌릴 돈이 있으면 복지에 써야 한다. 나라를 지키는 일보다 국민 생활을 지키는 일이 더 중요하지 않은가? 국민에게는 차갑고 미국에는 상냥한 일본 정부를 보면 정말

화가 난다.

　두툼한 기업연금을 받는 사람도 있겠지만 회사원이든 자영업자든 사람이 생활할 수 있는 최저 연금만큼은 보장되어야 한다. 미리 준비 못한 사람이 잘못이라는 지적도 있지만 과연 그럴까? 일본인은 무슨 일이든 자기 책임이라는 식으로 말하는 사람이 많다. 어쩌다 보니 좋은 회사에 다녀서 생활이 넉넉한 걸 가지고 마치 성공한 것인 양 거들먹거리며 남의 일에 냉정한 사람이 많다. 그래서 나는 자기 책임이라는 말이 싫다.

　선진국 중에서 일본의 사회보장이 가장 뒤쳐져 있다는 사실을 아는가? 앞으로 일본은 경제가 점점 더 어려워지고, 그래서 국민을 보다 더 쥐어짜는 정책을 펼 것이 분명하다. 국가 경제가 곤경에 빠진 상황이라면 이해할 수도 있지만 그렇다고 최저 생활이 힘든 사람들까지 함께 쥐어짜서는 안 된다. 이런 이야기를 하자니 혈압이 오른다.

　이 외에도 일본은 숱한 문제를 안고 있다. 지금까지 특별양호노인홈에 입소하려면 너무나도 당연히 수년을 기다려야 했다. 그런데 웬일인지 대기자가 크게 줄고 있다고 한다. 이런 희소식에 어떤 꿍꿍이가 감춰져 있을까? 일본 정부가 대기자를 줄이려고 특별양호노인홈을 늘리기라도 한 걸까? 안타깝게도 그런 건 아니다.

일본 정부는 '도쿄 올림픽이 열리는 2020년 초까지 요개호3 이상인 특별양호노인홈 대기자의 수를 줄이겠다'고 발표했다. 두말할 필요 없이 훌륭한 정책이다. 그러나 이 목표를 달성하기 위해 비교적 증상이 경미한 요개호2 이하의 고령자는 원칙적으로 입소시키지 않겠다는 방안을 세웠다. 즉 입소 신청 자격을 제한하여 대기자 수를 줄인다는 꼼수 정책이다.

대기자 수가 감소한 또 다른 이유는 개호보험의 이용자 부담금을 높였다는 점도 들 수 있다. 일본 정부는 일부 서비스의 이용자 부담금을 10%에서 20%로 올리고 특별양호노인홈 입소료나 식비 지원금도 삭감했다.

연금은 줄고 의료비는 올랐으며, 개호보험은 보험금이 오르고 서비스 이용료도 올랐다. 뿐만 아니라 특별양호노인홈의 입소 조건이 점점 더 까다로워지고 시설 이용료는 점점 오르는 실정이다.

고령자는 해를 거듭할수록 쇠약해지고 그 수도 많아지는데 간병할 일손은 점점 줄어든다. 요즘 젊은이들은 아무렇지도 않은 듯이 노약자석에 앉아서 스마트폰만 들여다본다. 이런 젊은이들이 고령자를 보살피는 일을 직업으로 삼을 가능성은 현저히 낮아 보인다. 그들은 마치 "늙은이는 더러우니까 저리 가"라고 말할 것만 같다. 사회를 이렇게 암담하게 만든 장본인은 과연 누구인가? 정치가인가? 부모들인가? 아니면 우리들 모두인가?

일본 미디어들은 소위 '2025년 문제'라며 떠들썩하게 보도하고 있다. 2025년에는 1947~1949년 사이에 태어난 단카이 세대(단카이団塊는 덩어리라는 의미로 일본의 베이비붐 세대를 비유한 말이다─옮긴이)가 75세 이상의 후기 고령자가 된다. 국립 사회보장·인구문제 연구소의 '일본의 장래 추계인구'(2017년 4월)에 따르면 단카이 세대는 극단적으로 인구수가 많아 2025년에는 후기 고령자 수가 2,180만 명(전 인구의 18.0%)에 달할 것으로 내다봤다. 이는 다시 말해 전 인구의 18%가 의료나 개호 서비스를 받게 된다는 의미다. 참고로 《2017년판 고령자 백서》에 따르면, 2015년의 후기 고령자 수는 1,691만 명으로 총인구의 13.3%였다.

단카이 세대가 태어난 후 70~80년이 지나면 노인이 넘치는 시대가 되리라는 것은 애초에 누구라도 예상할 수 있는 일이었다. 그런데도 당시 정치가들은 자신의 이익에만 집중하느라 아무런 대책을 세우지 않았다. 아마도 '그때가 되면 나는 죽고 없어'라며 상관없다고 생각했을지도 모른다.

일본이라는 나라가 너무나 한심해서 견딜 수 없다. 일본은 고도 경제 성장으로 선진국 반열에 들어섰지만 복지를 등한시해서 오늘날 그 문제점들이 하나씩 드러나고 있다. 2016년에 우루과이 전 대통령 호세 무히카(Jose Mujica, 당시 80세)는 '일본인은 행복한가요?'라는 화두를 던졌다. 평소 일본인을 각별히 존경해왔다는 무히카의 오랜 꿈은 일본을 방문하는 일이었다. 하지만 그는 머무는 동안 일본에 크게 실망했다고 한다.

"일본인이 행복하지 않다고 느끼는 이유는 노인이 고독하기 때문이다." 그가 고국으로 돌아가며 남긴 말이다. 그의 말처럼 어쩌면 고령자가 행복해 보이지 않기 때문에 오래 살고 싶은 사람이 줄어드는지도 모르겠다.

다음 장에서는 장수의 현장에서 취재해온 내용을 살펴보면서 앞으로 어떻게 살지 생각해보자.

제2장

르포,
장수 지옥의
현장에서

그럼에도 더 오래 살고 싶나요?

○
●
뭉크의 '절규'와 같은 얼굴들
○

"굉장한 시설이 있어. 거긴 꼭 한번 가봐야 해."

고령자 문제에 관심이 많은 지인이 시설을 하나 호들갑스럽게 소개해줬다.

"어떤 곳인데?"

궁금해서 물었더니 덧붙는 설명에 깜짝 놀랐다.

"보통 유료노인홈에서 위루관 수술(복부에 작은 구멍을 뚫고 튜브를 삽입해서 직접 위로 영양분을 주입하는 방법)을 받은 환자는 자기 방에 누워 지내잖아? 근데 거기는 오픈이야. 위루관 수술을 받은 환자도 감추지 않고 다른 사람들과 함께 생활해. 무척 개방적인 시설이야."

내가 위루관 수술을 받은 환자를 처음 본 것은 20여년 전 친구 아버지의 병문안을 갔을 때였다. 친구 아버지는 위에 관을 삽입한 채 병실에 늘어선 침대들 중 하나를 차지하고 누워 있었다. 그때 나는 아직 한창인 나이어서 죽음에 관심도 없었고 위루관이라는 용어도 생소했지만 직감적으로 '뭔가 이상하다'는 느낌이 들었다. 그래서인지 당시의 모습을 지금도 또렷이 기억하고 있다. 그런데 내가 바쁘게 사는 동안 세상의 복지시설이 진보한 걸까? 기대에 부풀어 소개받은 유료노인홈으로 향했다.

첫인상은 '그냥 그렇고 그런 노인홈이잖아?'였다. 평범한 5~6층 콘크리트 건물이라서 처음에는 좀 실망했다. 건물 안으로 들어서자 개호도[4]에 따라 층이 나뉘어 있었고, 특별히 다르다는 느낌은 없었다.

나는 1층 전체가 개방 구조로 되어 있을 줄 알았다. 개호도와 무관하게 모두가 즐겁게 모여 있고, 위루관 수술을 받은 환자도 침대에 누워 무리 속에 있으리라고 상상했다.

● 개호도가 높은 사람을 적극 수용하는 시설

유료노인홈도 매우 다양해서 건강한 사람만 입소할

---

4 개호도(介護度)는 신체장애, 치매, 노쇠 정도를 말하며, 1~5단계로 나뉜다. 1~2등급은 주로 집에서 서비스를 받지만 3~5등급은 대체로 시설에 입소한다 _편집자 주

수 있는 곳이 있고 간병이 필요한 사람만 입소할 수 있는 곳이 있다. 방의 크기에 따라 입소료나 이용료가 천차만별이라서 일괄적으로 말할 수는 없지만 여기는 특별양호노인홈에 가깝다는 느낌이 들었다.

지금까지 둘러본 유료노인홈과 달리 갈 곳이 없는 고령자를 받아주고 개호도가 높은 사람을 적극 수용하고 있었다. 요즘에는 간병인이 부족해서 개호도가 낮은 이용자를 선호한다. 그래서 특별양호노인홈에 들어가지 못한 사람은 자택에서 가족이 돌보는 수밖에 달리 방법이 없는 실정이다. 개호도가 높은 사람일수록 시설이 절실한데도 말이다.

병원의 목적은 치료다. 그래서 치료가 필요 없는 환자는 퇴원시킨다. 치료는 필요 없지만 누워서 지낼 수밖에 없는 사람도 있고 걷지 못하는 사람도 있지만 원칙적으로 이들은 병원에서 지낼 수 없다. 그래서 돌봐줄 가족이 없어도 어쩔 수 없이 퇴원하는 사람이 생긴다. 자택에서도 안 되고 특별양호노인홈으로 바로 들어갈 수 없는 사람은 달리 방도가 없는 것이다.

그래서 이처럼 갈 곳이 없어 곤경에 빠진 사람을 받아주는 시설이 있다는 것은 고마운 일이다. 여기는 위루관 수술 환자뿐만 아니라 말기 암 환자나 개호도가 특별양호노인홈 입소 대상자보다 높은 사람도 받아준다. 물론 자기 집에 비할 바는 아니지만 이런 시설이 있다는 사실에 기쁘고 놀라웠다.

입소자 약 60명 중 70%가 치매 증상이 있으며 위루관 수술 환자도 10여 명 있었다. 물론 유료노인홈이므로 특별양호노인홈과 비교하면 가격이 비싸지만 대기 없이 들어갈 수 있어 마지막을 보낼 장소로 염두에 둘 만했다. 어쩌면 내가 모를 뿐이지 개호도가 높은 이용자를 적극적으로 받아주는 유료노인홈이 많아졌는지도 모른다.

● **죽지 못해 사는 고통**

위루관 수술 환자들이 모여 있는 층으로 올라가 보려니 왠지 모르게 심장이 두근거렸다. 엘리베이터에서 내리니 간호사 대기실이 보였고 그 너머에 개방된 공간이 있었다. 한가운데에 탁자를 두고 10여 명이 튜브를 단 채 휠체어에 앉아 있었다. 휠체어를 젖히고 누워 있는 사람도 보였다.

여기를 소개해준 친구가 느낀 인상과 내 인상은 다소

달랐다. 이 광경을 보고 친구는 '개방적'이라고 말했지만, 나는 '무섭다'는 생각이 먼저 들었다. 그래서 잠시 머뭇거리고서야 "안녕하세요"라며 인사를 했다. 하지만 사람이 10여 명이나 있는데 아무도 반응을 보이지 않았다.

'존재하지만 존재하지 않았다.'

아무도 움직이지 않고, 아무도 말하지 않기 때문이다.

그제야 비로소 내가 얼마나 무지했는가를 깨달았다. 위루관 수술이 그저 입으로 음식물을 섭취하지 못하는 사람에게 영양분을 공급하기 위한 하나의 방편일 뿐이고 실제 건강과는 크게 무관하다고 생각했던 것이다. 위루관 수술 환자들이 입으로 음식물을 넘길 수 없다는 것은 말도 할 수 없을 정도로 쇠약하기 때문이라는 사실을 눈앞에서 보니 가슴이 메어왔다.

나는 여기에 있는 노인들이 어쩔 수 없이 살고 있다는 느낌이 들었다. 몸이 굳어서인지 표정 하나도 바꾸지 못하는 어떤 여성과 눈이 마주쳤다. 마치 "죽게 해줘요"라고 말하는 듯했다. 괴로울 것이다. 자기 뜻을 전달하지 못한다는 게 너무나 안쓰러워서 눈을 깜박이는 걸로 의사표시를 할 수 있지 않을까라는 생각도 잠시 해보았다. 그들은 왜 이렇게 살아야 하는 걸까? 만약 이런 시설이 없었다면 누가 그들을 돌본단 말인가?

이렇게 살고 싶지 않다면 건강할 때 위루관을 포함한 연명치료 거부 의사를 가족과 주위 사람에게 반드시 알려야 한다.

노인들은 너 나 할 것 없이 하염없이 멍하니 하늘만 쳐다보고 있었다. 작은 비명을 지르는 사람도 있었다. 살아 있으나 영혼은 존재하지 않는 곳 같았다.

방에 홀로 누워 있는 것보다 개방된 공간에서 함께 있는 편이 좋을지는 모르겠지만, 불현듯 노인들이 달고 있는 튜브를 잡아 빼고 싶다는 충동이 들었다.

한번 설치된 연명 장치는 임의로 제거할 수 없다. 문득 노인들을 돌보는 직원도 괴롭겠다는 생각이 들었다. 물론 일일이 감정을 쏟아서는 이런 시설에서 일할 수 없다.

문득 뭉크의 '절규'라는 그림이 떠올랐다. 모두들 공포에 질려 비명을 지르고 있었다. 부모를 맡기고는 더 이상 부모의 얼굴을 보는 게 무서워 한 번도 찾지 않는 가족도 있다고 하니 세상은 참 요지경 속이다.

101세 노인에게 연명치료를 권하는 의사

2년 전 설문조사를 했을 때 '오래 살고 싶지 않다'고 답한 사람 중에 76세의 미치코(가명) 씨가 남긴 글이다.

'오래 살고 싶지 않아요. 어머니는 101세인데 97세 때 치매가 와서 지금은 위에 튜브를 꽂고 요양시설에 계시죠. 어머니 모습을 볼 때마다 나는 빨리 죽어야겠다고 다짐해요.'

지금은 100세 시대라고 하지만 주변에 부모가 90대인 사람은 봤어도 100세를 넘긴 부모가 있는 지인은 없어서인지 실감이 나지 않았다. 설문조사 후 2년이 지났지만 그녀의 이야기가 듣고 싶어서 전화를 걸었다. 그녀는 "아, 맞아요. 오래 살고 싶지 않다고 적었던 기억이 나요"라며 반겨주었다.

101세에 위루관 수술을 했던 어머니가 궁금해서 연락했다고 하자 흔쾌히 취재에 응해주었다.

● **103세로 돌아가신 어머니의 모습**

미치코 씨의 어머니는 2016년 가을에 103세의 일기로 생을 마감했다. 남편을 병으로 잃은 미치코 씨는 현재 혼자 산다. 자식은 없고 형제가 네 명 있지만 각자 가정을 이루고 전국에 흩어져 살고 있어서 도쿄에는 미치코 씨뿐이다.

사실 미치코 씨가 어머니와 줄곧 함께 산 것은 아니었다. 어머니는 97세까지 단독주택에서 혼자 생활했다고 하니 참 대단하신 분이다.

"아흔일곱까지 혼자서요? 아이고, 대단하세요!"

나도 모르게 '대단하다'는 말이 튀어나와버렸다.

미치코 씨에 따르면, 어머니는 요리, 빨래, 청소를 비롯해서 장 보는 일도 91세까지 아무렇지도 않게 해냈다고 한다. 기억력도 좋았고, 나이가 들면서 다리가 다소 불편해졌지만 지팡이 없이도 잘 걸었다고 한다. 91세인 내 어머니와 너무 비슷해서 순간 미소가 번졌다. 하지만 세월에는 장사가 없다. 94세 때부터 조금씩 쇠약해지는 모습이 보여서 가사 도우미를 두었다고 한다.

"혼자 사시는 게 슬슬 무리셨죠. 그래서 형제들과 의논했는데 모두 자기 집 사정이 있어 어머니를 모실 사람이 없는 거예요."

"모두요? 4형제나 되는데요?"

"네, 그렇게 됐네요."

어머니는 남동생과 살고 싶어 했지만 올케의 반대가 심했다고 한다. 흔한 이야기다. 친정 부모였으면 어쩔 수 없다고 생각하겠지만 시부모라서 모시고 싶지 않았을 것이다. 어쨌든 부모보다는 자기 가정이 더 중요한 게 인지상정인가 보다. 어느 날 갑자기 94세의 노인이 집에 온다고 생각하면 올케의 심정이 이해되기도 한다.

결국 규슈에 사는 여동생이 어머니를 모시겠다고 했지만 어머니가 한사코 도쿄에서 나가는 건 싫다고 하셨단다. 살던 집이 좋아서 죽을 때는 집에서 죽겠다고 고집을 피웠고, 결국 어머니 혼자 지내실 수밖에 없었던 것이다. 나는 실례라는 걸 알면서도 물었다.

"어머니가 아흔넷부터 다소 쇠약해지셨다고 하셨는데, 언제부터 건강이 극도로 나빠지셨나요?"

미치코 씨는 잠시 생각한 뒤 말했다.

"100세를 넘겨도 90대처럼 건강하신 분도 있지만 우리 어머니는 아흔일곱부터 극도로 안 좋아지셨어요."

당시 알츠하이머 진단을 받았고, 의사가 더 이상 혼자 사는 건 무리라고 해서 당황했다고 한다. 다행히 오빠가 수년 전에 특별양호노인홈에 입소 신청을 해둔 덕에 그곳으로 모실 수 있었다고 한다.

도쿄 인근의 특별양호노인홈 입소는 하늘의 별 따기 만큼이나 어렵다. 신청해도 입소까지 수년은 족히 걸린다. 입소 조건이 엄격해져서 대기자 수가 줄었다고는 하지만, 2017년 3월 27일 후생노동성 발표에 따르면, 특별양호노인홈 입소 대기자가 도쿄에만 2만 4,815명이고 전국적으로는 36만 6,139명(2016년 4월 시점)이었다.

미치코 씨의 오빠는 어머니가 조금씩 쇠약해지던 94세 때에 신청했다고 한다. 집에 모실 수 없다면 시설밖에 없다. 아무리 본인 의사를 존중하고 싶어도 어쩔 수 없다.

"그거 참 다행이었네요."

"네. 그때는 오빠가 정말로 고마웠어요. 한시름 놨죠."

● 부모 앞에서 '연명치료를 하지 않겠다'고 말할 수 있을까?

특별양호노인홈에 어머니를 모실 수 있어서 가족들도 안심했다. 그러던 어느 날, 어머니가 갑자기 뇌경색으로 쓰러졌다는 연락을 받고 병원(대학병원)으로 달려갔는데, 의사가 다짜고짜 하는 말에 놀라고 말았다. "코로 튜브를 삽입합시다."

그 상황이 너무 황당해 놀라지 않을 수 없었다.

"네? 그 자리에서요? 코로 튜브를 삽입한다는 게 연명치료를 의미한다는 설명도 없이요? 어떻게 할지 의향도 묻지 않고요?"

이건 해도 해도 너무 막무가내다. 환자가 101세 노인이라서 그런가? 이런 개념 없는 의사가 있다니 도저히 믿을 수가 없지만 사실이었다.

"병원에서 어머니는 입으로 먹을 수도 마실 수도 없고 말도 못하는 상태였어요. 의식도 불안정했죠."

미치코 씨가 당시 상황을 회상하며 말했다. 의사는 미치코 씨가 대답하지 못하고 망설이자 퉁명스럽게 다음과 같이 말했다고 한다.

"이대로 아무 조치도 안 할 거면 그냥 집으로 모시고 가세요."

병원은 치료하는 곳이니까 치료가 필요 없으면 돌아가라는 의미다.

쓸데없는 말인 줄 알면서도 나는 이렇게 말할 수밖에 없었다.

"백세가 넘은 노인에게 연명치료는 좀 그렇죠."

당시 형제 중 한 명이 코로 튜브를 넣는 건 어머니가 너무 힘드니 위루관 수술을 하면 어떻겠느냐고 제안해서 그렇게 하기로 결정했다고 한다. 그래서 미치코 씨의 어머니는 101세에 위에 튜브를 꽂아야 했다.

"아이고, 이런." 나도 모르게 불쑥 튀어나온 말이었다.

어머니는 원래 특별양호노인홈에서 생활했기 때문에 집에 모실 필요 없이 시설로 돌아가면 되는데 의사가 "집으로 모시세요"라고 너무나 단호하게 말해서 "집은 안 되니까 위루관 수술합시다"라고 반사적으로 말했다고 한다.

"지금 생각하면 너무 후회스러워요."

평소라면 냉정하게 생각해서 판단했겠지만 그때는 너무나 경황이 없고 의사도 닦달하니까 판단력이 떨어졌다. 무엇보다 임종을 목전에 둔 부모님 앞에서 아무것도 안 하겠다고 말하기는 쉽지 않았으리라. 가족에게는 가

혹한 선택일 수밖에 없다. 나중에 알았는데 생전 어머니는 존엄사(연명치료를 받지 않고 죽음을 선택)를 원했다고 한다.

　미치코 씨의 어머니는 101세에 위루관 수술을 받고 103세에 돌아가셨다. 어머니의 마지막 2년은 어땠을까? 나는 실례를 무릅쓰고 물었다. 100세를 넘기고 연명치료를 받는 육체가 어떤 모습인지 궁금했기 때문이다.

　"뼈와 가죽뿐이에요." 미치코 씨는 망설임 없이 바로 답했다.

　"팔은 움직이지 않고 다리도 휜 채 굳었어요. 그래서 자세를 자주 바꿔줘야 했는데 그래도 욕창이 생겼죠."

　미치코 씨는 담담하게 말을 이었다.

　"죽는 날이 다가오면 몸이 굳나 봐요."

　아무런 반응이 없는 어머니 얼굴을 보는 게 너무나 힘들었고 한다.

　"귀는 들린다고 하던데요?"

　내 물음에 그녀는 뭔가 생각이 났다는 듯이 말했다.

　"그러고 보니 손자가 '할머니 힘들지?' 하니까 고개를 끄덕였어요."

● 서구권에는 없는 위루관 수술

일본에서는 위루관 수술이 표준적인 조치로 인식되지만 서구권에서는 일반적으로 잘 하지 않는 수술이다. 2015년에 네덜란드로 고령자 주택 등을 시찰하러 갔을 때 그곳에는 '연명치료'라는 개념조차 없다는 이야기를 들었다. 식도에 문제가 있는 환자에게 일시적으로 위루관 수술을 하기도 하지만 어디까지나 회복을 위한 일시적인 조치이며 고령자의 연명을 위해 하지는 않는다고 한다.

네덜란드에서 위루관 수술을 비롯한 연명치료가 일반적이지 않은 이유는 삶과 죽음에 대한 사고방식이 우리와 다르기 때문이다. 서구인은 일본인과 다르게 어릴 때부터 생명과 죽음에 대해 배우기 때문에 자신만의 사생관死生觀이 명확하다.

일본인은 예전부터 죽음을 두려워하며 터부시해왔고 이야기하는 것조차도 꺼려하며 애써 외면하는 태도를 보여왔다. 이는 자신의 죽음뿐만 아니라 가족의 죽음에 대해서도 마찬가지다. 그래서 부모가 위독하면 '살려주세요'라고 의사에게 애원한다.

연명치료가 당사자에게 얼마나 고통스러운 일인지는

생각하지 않고 '죽지 않았으면 좋겠다'라는 가족으로서의 감정만 주장한다. 그리고 살리는 일이 애정이라고 착각한다. 위루관 수술이 만연한 배경에는 의사나 병원에도 문제가 있지만 가족들의 바람이 가장 큰 영향을 미친다는 사실을 알아야 한다. 좀 심하게 들릴 수도 있지만 가족이 무지하기 때문이다. 연명치료가 무엇인지 잘 알지 못하기 때문에 생기는 비극이다.

일본인은 노인이 되면 침대 생활을 당연하게 받아들이지만 북유럽의 노인들에게는 침대 생활이 존재하지 않는다. 도대체 무엇 때문에 이렇게 다른 걸까?

물론 세상에는 훌륭한 병원도 있고 존경할 만한 의사도 많다. 그렇다고 무슨 일이든 의사에게 맡기는 건 문제가 있다. 고령자라면 언제 어떻게 될지 알 수 없기 때문에 연명치료에 대해서는 반드시 생각해둬야 한다. 그렇지 않으면 자신도 가족도 불행해진다. 건강할 때 올바른 지식을 익혀둬야 나중에 자신과 자신의 가족을 지킬 수 있다. 자녀들 또한 부모를 사랑한다면 "살려주세요"라며 의사의 팔을 붙들지 말고 올바른 지식을 갖추도록 하자.

앞서 말한 것처럼 유럽에서는 입으로 음식물을 섭취

할 수 없는 고령자에게 위루관 수술을 하지 않는다. '사람이 입으로 음식을 먹지 못하면 죽을 때가 되었다'라고 생각하기 때문이다. '자연스럽게 죽게 해주는 일'이 그들의 문화이고, 그런 가치관이 생활 속에 녹아 있다. 이런 분위기가 조성되어 있다는 게 의사를 맹신하는 일본과 크게 다른 점이다. 다시 말해 일본인의 대부분은 사생관이 없기 때문에 의사라는 전문가에게 의존한다. 죽음에 이른 사람을 자연스럽게 죽게 둘 것인가? 아니면 연명치료로 죽지 않게 할 것인가? 당신이 건강한 바로 지금 연명치료에 대해 확실히 공부해두자.

○
◉
비위관은 위루관보다 괴롭다
○

"토요일은 내가 어머니를 돌보는 날이야."

친구가 하는 말에 대뜸 "그래? 나도 인사드리러 가고 싶어"라고 했더니 흔쾌히 허락해줬다.

친구의 부모님은 조용한 주택지에 자리 잡은 아담한 단독주택에서 사셨다. 정원은 없지만 노부부만 사는 것 치고는 잘 정리되어 있어 일반 가정이라고 해도 믿을 수 있을 정도였다. 처음에는 살짝 긴장했지만, "친구를 데리고 온 건 처음이지만 어머니가 사람 만나는 걸 좋아해서 괜찮아"라며 친구가 안심시켜 주었다.

● **죽을 때까지 위화감을 느끼며 산다는 의미**

부엌이 내다보이는 방에 침대가 있고 거기에 친구의 어머니가 주무시고 계셨다. 똑같은 침대 생활이라고 해도 시설이 아닌 집이라서 그런지 안락해 보였다. 돌보는 사람은 힘들겠지만 본인은 아무래도 생활하던 곳이니 안심이 될 것이다.

어머니는 백발이 아름다운 분이셨다. 풍성한 머리칼이 곱게 빗질이 되어 있었고 피부도 투명할 정도로 하얬다. 하지만 코에 비위관 튜브가 삽입되어 있었다. 이것만 없다면 정말 자연스럽게 늙었다고 생각했을 것이다.

친구의 어머니는 지금 90세다. 85세 때 뇌경색으로 쓰러지셨는데 아버지는 어머니가 집을 좋아한다는 걸 알고, 또 딸과 아들 내외도 도와준다고 해서 시설로 보내지 않고 집에서 돌보기로 했다고 한다. 친구는 아버지가 평소 다니던 병원 원장과 친해서 의료적인 부분도 한시름 놓았다고 덧붙였다.

"아버지는 어머니를 무척 사랑해서 집에 모시는 게 자연스러웠어. 무엇보다 어머니가 처음에는 말을 할 수 있었거든."

"비위관은 누구 결정이었어?"

내가 묻자 친구가 짧게 대답했다.

"아버지."

아버지는 어떤 모습이라도 상관없으니 어머니가 죽지

않기를 바랐다. 그래서 친구는 그것이 연명치료의 일환임을 알고 있었지만 잠자코 있었다고 한다.

● 견디기 힘든 비위관

코에 튜브를 삽입하면 한 달에 한 번 튜브를 교체하러 병원에 가야 하는데, 그게 매우 힘들다며 친구는 얼굴을 찌푸렸다.

"교체도 한다고? 코에 튜브를 삽입하는 것만으로도 굉장히 불편할 텐데."

내 말에 친구는 고개를 끄덕였다. 나는 튜브를 코에서 위까지 넣는 시술을 받은 적이 있다. 벌써 20년이나 지난 일이다. 위가 좋지 않아서 전문의를 찾았는데, 아무런 설명도 없이 "자, 고개를 좀 들어봐요"라고 하더니 튜브를 코로 밀어 넣었다. 그때의 위화감은 지금 생각해도 끔찍하다. 바로 빼줘서 다행이었지만, 의사가 너무 미웠다. 내시경이 두려워서 상담만 하러 갔을 뿐인데 갑자기 튜브를 넣어서 위액을 채취하다니 정말 아찔한 경험이었다. 지금 생각해도 화가 치민다.

어쨌든 코로 튜브를 삽입하고 있다는 건 이런 위화감

을 계속 견디며 산다는 의미다. 아프지 않다고 해도 참기 힘든 불쾌감임에 틀림없다.

　연명치료를 과연 어떻게 받아들여야 할까? 사람에 따라 생각이 다르겠지만 나는 연명치료까지 하면서 오래 살고 싶지 않고, 내 어머니도 연명치료를 바라지 않았으면 좋겠다. 왜냐하면 삶을 마감할 때는 고통 없이 끝내고 싶기 때문이다.

　여담이지만 장의사에 따르면 연명치료를 받다가 죽은 사람은 자연사한 사람보다 무겁다고 한다. 연명치료로 인해 몸속에 수액이나 영양분 등 수분이 차기 때문이다. 또 연명치료를 받은 주검은 얼굴 표정도 험악해서 가족이 봐도 놀랄 정도라고 한다. 그래서 정성스럽게 화장을 해야 한다고 한다. 장의사는 시신을 보면 그 사람이 얼마나 고통스러운 마지막을 보냈는지 알 수 있다고 한다. 반면 자연사를 하면 시신의 얼굴도 온화한 표정이라고 한다.

○
◉
아버지를 살려주세요!
○

　가즈오(가명) 씨의 아버지는 80세 때 뇌출혈로 구급차에 실려 중환자실로 이송되었다. 곧바로 수술에 들어갔지만 의식이 없었고 그대로 일반 병실로 옮겨졌다. 지금은 가즈오 씨도 존엄사협회에 가입했지만 당시는 연명치료가 뭔지도 몰랐다. 그는 무지했던 자신이 한심하다며 다음과 같이 말했다.

　"아버지가 쓰러졌다는 소식에 나를 비롯해 형제들이 모두 허둥댔어요. 그때는 의사에게 모든 걸 맡길 수밖에 없었죠."

　"선생님! 우리 아버지를 살려주세요! 살려주세요!"

　형제들 모두가 의사를 붙들고 애원했다. 그런데 설마 아버지께서 식물인간으로 계속 사시게 될 줄은 꿈에도 몰랐다.

● "죽게 해줘!" 소리 없는 외침

아버지의 코에 삽입된 튜브는 돌아가시기 전까지 2년 동안 빼지 못했다고 한다. 코로는 영양분을 주입하고 팔에는 수액 바늘이 꽂혀 있던 당시 아버지의 모습을 떠올린 가즈오 씨는 결국 고개를 숙였다.

코 튜브 삽입이 연명치료라는 건 대략 짐작할 수 있지만 수액 주사 처치는 일상생활에서도 익숙해 연명치료의 일종인지 모르는 사람이 많다.

아버지의 손은 2년 동안 수액 바늘을 꽂고 살아서 마치 숯처럼 검게 변했고, 나중에는 더 이상 바늘을 꽂을 곳을 찾지 못해 손등이나 발등처럼 신경이 모여 있어 고통이 심한 부위에 바늘을 꽂아야 했다고 한다. 피부는 시커멓게 타들어가고 나날이 야위어가는 아버지의 모습을 보며 아들은 그저 곁에서 말을 걸어주는 일밖에 달리 할 수 있는 일이 없었다. 가즈오 씨는 아버지가 아무 반응이 없었지만 분명 "빨리 죽게 해줘!"라고 외쳤을 거라고 회상했다.

가즈오 씨는 이보다 더 끔찍한 일도 겪었다고 한다. 보통 병원의 입원 병실은 최장 3개월 동안 머물 수 있는데 가즈오 씨의 집안은 경제적으로 넉넉한 편이고 병원과도 친분이 있어서 아버지를 2년이나 모실 수 있었다. 이것까지는 좋은데, 문제는 병원에서 3개월에 한 번씩 알 수 없는 수술을 했다고 한다. 기가 막힐 노릇이 아닐 수 없다. 참고로 그렇게 2년간 병원비로 든 돈이 약 2,500만 엔(약 2억 7,000만 원)이라고 한다.

● 몰랐던 게 죄라면 죄

가즈오 씨의 아버지는 말도 못 하고 그저 목숨만 부지하고 있는 상태였지만 말소리는 알아들을 수 있었다고 한다. 하지만 어쨌든 연명치료에 대한 아무런 지식도 없이 병원에만 의지했기 때문에 아버지를 비참하게 만들었다는 사실은 부인할 수 없다. 만약 자신이 아버지의 입장이라면 과연 이런 모습을 원했을까?

이 이야기를 들었을 때, 가장 먼저 떠오른 생각은 건강할 때 자신의 의사를 가족에게 확실히 전하고 존엄사가 무엇인지 알릴 필요가 있다는 것이다. 즉 존엄사협회에 가입되어 있다는 사실을 본인만 알고 있어서는 정작 병원에 실려 갔을 때 아무런 의미가 없다. 연명치료를 받지 않으려면 평소에 가족에게 자신의 생각을 잘 전달해

뒈야 한다.

　막연히 좋을 거라고 생각해서 신청한 연명치료가 가즈오 씨의 아버지를 고통스럽게 했다. 살아만 달라는 게 가족의 염원이었지만 결국 아버지의 마지막은 끔찍했다. 사랑해서 한 일이 자식의 만족을 위한 일에 지나지 않았던 것이다.

이 병원에 있으면 죽을지도 모른다

독신인 유코(가명) 씨는 어머니와 함께 산다. 맨날 붙어 다닐 정도로 사이가 돈독한 모녀지간이다. 어느 날 밖에서 "아이쿠!"라는 소리가 나서 나가 보니 어머니가 복도에 쓰러져서 움직이지 못하고 계셨다. 병명은 뇌출혈로, 어머니가 78세 때 일이다.

"얼마 전부터 어머니가 건망증이 심해져서 대학병원에 한 달에 한 번꼴로 진찰을 받으러 다녔어요. 이런저런 검사를 받았지만 의사 선생님은 노화 때문에 생긴 건망증이라고 했어요."

● 개인병원과 재활병원을 거쳐 집으로

유코 씨는 구급차를 불러 어머니를 모시고 대학병원으로 달려갔지만 다니던 병원이었는데도 구급차 안에서

1시간 반이나 기다렸다. 하지만 결국 남는 침상이 없다며 거절당했다.

"평소 진찰받던 병원이었어요. 전 더 이상 대학병원 따위 믿지 않아요."

유코 씨는 화를 참지 못하고 말했다. 결국 어머니를 받아준 곳은 집 근처 돌팔이 의사로 유명한 병원이었다.

"평소에 저 병원만은 안 가야지라고 생각했는데, 어쩔 수 없었어요. 그때는 어머니를 입원시키려고 필사적이었죠."

어머니는 뇌출혈을 일으킨 그 순간부터 음식물은 물론이고 물도 마실 수 없는 상태였다. 의식은 오락가락하고 삼킴장애[5]가 있었다. 그때 유코 씨는 어머니에게 무슨 일이 일어나고 있는지 전혀 알지 못했고, 그저 살려야 한다는 마음뿐이었다.

입원한 다음 날 의사는 아무런 설명 없이 코로 영양분을 공급해야 하니 튜브를 삽입하겠다고 했다고 한다. 그때 유코 씨는 의사 말에 따를 수밖에 없었다.

"어머니께서 돌아가시고 5년이 지났는데, 그때 튜브

---

5 음식물을 삼켜서 위로 내려가는 과정에서 무엇에 걸린 것처럼 느껴져 음식물을 삼키기 힘든 증세 _편집자 주

삽입을 하지 말았어야 했어요. 연명치료를 했다는 게 후회스러워요. 나 때문에 어머니가 힘들었을 거예요."

그 병원에는 연명치료를 받는 환자가 몇 명 있었는데, 대부분 의식이 없고 너 나 할 것 없이 튜브를 달고 있었다. 그런 광경을 보고 유코 씨는 '이 병원에 있으면 죽겠구나!'라는 직감이 들어 어머니를 재활병원으로 옮겼다고 했다. 그녀는 이렇게 덧붙였다. "죽을 때 죽더라도 그런 돌팔이에게 맡길 수는 없었어요."

재활병원에서 어머니의 상태는 어땠는지 묻자 유코 씨는 얼굴을 찌푸렸다. 거기서는 몇 차례나 오연성 폐렴(구강의 세균이나 음식이 기도로 잘못 들어가거나 역류하여 위액이 기도로 들어가 생기는 폐렴)에 걸려 위독한 상태가 반복되었으며, 어머니가 튜브를 자꾸 빼려고 해서 손을 벨트로 묶는 일도 있었다고 한다.

"너무 안쓰럽고 불쌍해서 보고 있기 힘들었어요. 어머니가 자꾸 튜브를 빼달라고 해서 재활병원에도 더 있을 수가 없겠구나 싶었죠."

재활병원에는 최대 6개월밖에 머물 수 없다는 규정이 있다. 그래서 유코 씨는 어머니를 집으로 모시기로 했다.

"어머니도 유코 씨도 많이 힘들었겠어요."

이 말에 그녀는 깊은 한숨을 내쉬었다.

"마쓰바라 씨는 연명치료에 대해 잘 아시니까 내가 바보 같겠지만 그때는 무조건 어머니가 살아줬으면 했어요. 어떻게든 먹이고 싶었어요. 그러다가 먹을 수 있게 됐다는 사람도 있다고 들었던 터라 더욱 더 필사적이었죠. 전 독신이고 혈육이라곤 어머니가 유일했으니까요."

그러던 어느 날 의식이 돌아온 어머니가 "너 혼자 남느니 나랑 같이 죽자"라고 했다고 한다. 어머니는 혼자 사는 딸이 자신보다 더 걱정이었던 것이다. 재활병원에 있을 때 튜브로 수분과 고칼로리 수액을 공급하려고 식도에 구멍을 뚫었다. 유코 씨 어머니는 위암으로 위를 적출한 상태여서 위루관 수술을 할 수 없었기 때문이다.

● 7주기를 보냈지만 여전히 분하다

사랑하는 어머니를 위해서 유코 씨는 돈을 아끼지 않았다. 먼저 재활병원에 있을 때는 개인 병실만 접수할 수 있어서 병실료만 1일 1만 2,000엔, 한 달에 약 30~40만 엔을 지불했다. 이 이외에 한 달 의료비로 약 20~30만 엔이 더 들었다고 한다.

집으로 모신 뒤에는 휠체어 생활이 편하도록 집을 리모델링했다. 그야말로 돈을 펑펑 썼지만 아깝다는 생각은 하지 않았다고 한다. 어머니를 위해서라면 뭐든지 할 각오가 되어 있었기 때문이다.

집으로 모신 어머니를 혼자서 보살핀다는 건 어떤 느낌일까? 본심은 다를 수도 있지 않을까 해서 물어봤는데 의외의 답변이 돌아왔다.

"힘들었지만 줄곧 어머니와 함께여서 행복했어요. 그래서 대소변 처리도 아무렇지 않았고요. 귀찮다거나 싫다는 생각은 한 번도 하지 않았어요."

이 말을 믿을 수밖에 없었다. 극적인 상황에서 부모 자식 간의 사랑이 더 끈끈해졌을 수 있다. 비정하게 들릴지도 모르지만 나라면 당연히 시설을 찾았을 것이다. 정작 그런 상황이 되면 어떻게 할지 장담할 수는 없지만 어머니와는 연명치료를 하지 않는 걸로 이야기가 되어 있다.

유코 씨와 대화하면서 놀란 건 유코 씨의 어머니가 딸을 사랑했지만 자식에게 의존하는 생활은 하지 않았다는 것이다. 어머니는 가족에게 의지하지 않고도 사는 방법을 터득하기 위해 노력했고, 내가 쓴 책까지 읽었다고 한다.

"맞아요. 어머니는 마쓰바라 씨의 책도 읽고 NPO법인 SSS네트워크 관련 기사나 팸플릿도 모았어요."

이 이야기를 듣고 깜짝 놀랐다.

"네? 독신인 당신이 아니라 어머니가요?"

그녀가 웃으며 이렇게 말했다.

"네. 어머니는 마쓰바라 씨의 책을 읽으며 여자 혼자 늙는다는 게 뭔지 공부했어요. 제가 SSS네트워크를 알게 된 것도 어머니가 소개해주신 덕분이었죠."

이 말을 듣고 나도 모르게 말이 튀어나왔다.

"아이고, 어머니. 감사합니다."

● '나는 안락사를 원한다'

나는 내가 누군가에게 도움이 되었다는 사실이 진심으로 기뻤다. 요즘에는 글 쓰는 일도 힘들어 슬슬 그만둘까 했는데 유코 씨의 말에 다시 힘을 내기로 했다.

유코 씨의 어머니는 집으로 돌아와서 사랑하는 딸의 보살핌을 받으며 7개월을 보내다가 조용히 생을 마감했다. 유코 씨는 7주기가 지난 지금도 과연 연명치료가 옳

앉는지 혼란스럽다고 한다.

　'내가 어머니를 죽음으로 내몬 게 아닐까? 나 때문에 어머니께서 희생하신 건 아닐까? 연명치료가 옳은 일이었을까?'

　유코 씨는 이런 생각이 머릿속을 떠나지 않는다며 다소 불안한 표정을 보였다.

　나는 다소 말하기 곤란한 질문을 해보기로 했다. 어머니의 주검을 보고 유코 씨는 자신의 죽음에 대해 생각해봤는지 물었다.

　그런데 그녀는 한 치의 망설임도 없이 또렷한 어투로 말했다.

　"나는 안락사를 원해요. 일본에서도 안락사를 인정해줬으면 좋겠어요. 물론 연명치료도 절대 안 할 거예요."

존엄사 법제화가 더딘 일본

일반 재단법인 일본존엄사협회의 회원 수가 크게 증가했다. 2017년 7월 현재 회원 수는 약 13만 명으로 이는 연명치료에 의문을 품고 있는 사람이 늘었다는 증거다.

존엄사에 대한 시각은 매우 다양해서 노약자를 버리는 행위라고 반대하는 사람도 많다. 2005년 일본존엄사협회는 '존엄사 법제화에 관한 청원서'를 중·참 양의원에 제출했지만 논의가 이루어지고 있는지 의문이다. 또 초당파인 '존엄사 법제화를 생각하는 의원연맹'이 발족되어 법안을 국회에 제출했다는데 아직 법안 내용을 확인하지 못했으므로 여기서는 언급을 피하겠다. 분명한 건 법제화로 이어지지 않고 있다는 것이다.

그런데 안락사와 존엄사는 어떤 차이가 있을까?

● 안락사

더 이상 희망이 없는 환자를 본인의 희망에 따라 고통이 적은 인위적인 방법으로 죽음에 이르게 하는 것《고지엔広辞苑》[6] 참조).

안락사는 '적극적 안락사'와 '소극적 안락사'로 나눌 수 있다. 우리들이 흔히 말하는 '안락사'는 '적극적 안락사'에 해당한다.

'적극적 안락사'란 환자 본인의 자발적 의사에 근거하여 스스로 약물을 이용해 죽음에 이르는 행위, 또는 환자 본인의 자발적 의사에 근거하여 타인(일반적으로 의사)이 환자의 자살을 고의로 방조해서 죽음에 이르게 하는 것을 말한다('위키피디아 일본어판' 참조).

● 존엄사

존엄사란 과도한 연명치료를 하지 않고 인간의 존엄을 유지하며 목숨을 끊는 행위를 말한다《치에조知恵蔵》[7] 참

---

6 이와나미서점에서 발행한 일본어 사전을 말한다 _편집자 주
7 아사히신문에서 매년 발행하는 현대 시사용어사전을 말한다 _편집자 주

조).

안락사와 존엄사는 세계보건기구나 세계의사회 등 세계 공인 기구에 의한 명확한 정의는 없지만 둘 다 '환자 자신의 의사'에 따른다는 공통점이 있다.

미국에서는 대부분의 주에서 존엄사를 허용하고 있으며 법률로도 인정하고 있다. 유럽에서도 영국, 프랑스, 독일 등 대부분의 나라에서 법제화되어 있다. 이처럼 서구권에서 연명치료는 본인의 선택에 따르는 게 보편적이다.

최근에는 아시아에서도 존엄사 논쟁이 활발해서, 대만은 2016년 '환자 자주 권리법'을 제정했다. 이웃나라인 한국도 2018년 연명치료 중지를 인정하는 법률이 실행되었다. 이런 국제적인 흐름 속에서 일본만이 아직 요지부동이다. 이런 사실을 알고 있는 일본인이 얼마나 될까?

일본존엄사협회 이사장인 이와오 소이치로岩尾總一郎 씨는 일본존엄사협회 홈페이지에 있는 '협회 소식-해외 사례'를 통해 다음과 같은 글을 남겼다(2014년 1월 20일자).

> 작년 5월, 스위스에서 개최된 세계연합 취리히 국제회의에 참가했을 때 '일본은 아직도 리빙 윌이 법제화되지 않았다고요?'라며 의아하게 생각하는 사람을 많이 만났다. 리빙 윌이 일반적인 나라에서 보면 이상하다는 인상을 받을 수밖에 없다. 일본도 더 지체하지 말고 앞으로 나아갔으면 좋겠다.

● 존엄사란 무엇인가?

일본존엄사협회가 말하는 존엄사는 다음과 같다.

> 존엄사란 치료가 불가능한 임종기 환자가 본인 의사에 근거하여 단순히 죽음을 연장하는 연명 조치를 거부하고 자연스러운 경과를 받아들여 죽음에 이르는 것을 말한다. 여기서 본인의 의사는 건전한 판단이 전제다. 다시 말해 존엄사는 자기결정으로 받아들이는 자연사라는 의미다.

● 리빙 윌이란 무엇인가?

그럼 일본존엄사협회는 '리빙 윌Living-Will'을 어떻게 정의할까? 다음은 협회 홈페이지의 내용이다.

> **리빙 윌**
> 회복 불가능하고 죽음이 임박해도 현대 의학은 당신의 목숨을 유지할 수 있다. 인공호흡기로 체내에 산소를 공급하고 위에 구멍을 뚫어 영양분을 공급하면 된다.
> 이와 같은 연명 조치는 한번 시작하면 중단할 수 없다. 생명 유지 장치를 제거하면 명백히 죽기 때문에 의사는 이를 원하지 않는다.
> '수단과 방법을 가리지 않고 살고 싶다'는 분들의 의사도 존중해야겠지만, 튜브나 기계를 장착하고 괴로운 투병 생활을 해도 '회복 가능성이 없다면 조용히 생을 마감하고 싶다'는 사람도 많다.

'평온사', '자연사'를 바라는 사람들은 자신의 생각을 건강할 때 남겨두는 게 좋다. 그것이 리빙 윌이다.

즉 회복이 불가능하고 음식 섭취가 불가능할 때 생명을 조금이라도 연장하기 위해 연명치료를 받을 것인가 말 것인가를 결정하는 일이다. 만약 연명치료를 바라지 않는다면 건강할 때 본인의 의사를 적어서 남겨두어야 한다.

의식이 불분명하면 자기주장을 할 수 없다. 또 구급차로 병원에 실려 가면 본인의 의사와는 무관하게 호흡기가 달리기도 한다. 연명장치는 한번 장착하면 제거할 수 없다. 이런 이유로 자신의 의사를 사전에 밝혀두자는 취지다.

일본존엄사협회에 가입하면 '리빙 윌'에 사인하고 사본 증명서를 2부 받을 수 있다. 증명서를 제공하는 이유는 본인뿐만 아니라 가족이나 중요한 사람과 공유하라는 의미다.

'리빙 윌(2017년 7월 개정판)−임종기 의료에 있어 사전 지시서'에는 다음과 같이 설명되어 있다.

리빙 윌−임종기 의료에 있어 사전 지시서

이 지시서는 나의 정신이 건전한 상태일 때 스스로 생각해서 작성한 것입니다. 따라서 나의 정신이 건전한 상태일 때 스스로 파기하거나 또는 철회한다는 문서를 작성하지 않는 한 유효합니다.

- 나의 상처와 질병은 현대 의학으로는 불치 상태이며, 목숨을 보전할 수 없다는 진단이 내려지면 단순히 죽음을 연장하는 연명 조치는 거부합니다.
- 다만 나의 고통을 줄이기 위해 마약 등을 적절히 활용한 완화 의료는 원합니다.
- 내가 회복 불가능한 천연성 의식장애(지속적 식물인간 상태)에 빠진다면 생명 유지 장치를 제거해주세요.

이상, 나의 요망을 충실이 이행해주는 분들에게 깊은 감사를 전함과 동시에 그분들이 나의 요망에 따라 수행한 행동의 모든 책임은 제 자신에게 있음을 추가로 기록합니다.

이처럼 인간 존엄과 관련된 중요한 문제의 법제화가 난항을 겪는 이 나라는 도대체 뭐가 문제일까? 다들 남의 일이라고 생각하는 걸까? 후생노동성이나 의사회의 로비 때문일까? 존엄사가 늘면 병원의 매출이 줄기 때문일까? 사람의 목숨보다 의사의 수입이 더 우선이란 말인가? 사람의 생명보다 제약회사의 매출이 더 우선이란 말인가?

최근에 인공투석을 전문으로 하는 클리닉을 눈여겨보고 있다. 일반인의 감에 지나지 않지만 요즘 인공투석 환자가 부쩍 많아진 것 같다. 인공투석도 연명치료 중하나다. 한번 시작하면 그만둘 수 없기 때문에 죽을 때까지 치료를 받아야 한다. 의료 분야에 대해 잘 모르는 일반인은 인공투석을 하자는 의사의 말을 믿을 수밖에 없다. 요즘은 의료 지식이 없으면 무슨 일을 당할지 알수 없어 두렵기까지 하다. 물론 상세히 설명해주는 의사도 있지만 인공투석이 연명치료임을 현장에서 이야기해주는 의사가 얼마나 될까?

내과 전문의인 친구는 일본에서는 필요하지도 않은데 인공투석을 하는 사람이 많다며 미간을 찌푸렸다. 병원 입장에서 인공투석 환자는 돈벌이 대상이라고 한다. 나도 아는 게 많지 않지만 연명치료가 위루관이나 비위관만은 아닌 것이다.

○
●
연명치료란 무엇인가?
○

대개 '연명치료'라고 하면 '인공호흡기', '위루관' 등이 먼저 떠오른다.

연명치료란 '근본적인 치료나 회복을 기대할 수 없는 임종기 환자가 생명을 유지하고 연명하도록 하는 치료'(《일본대백과전서》)를 말한다. 따라서 실제 연명치료에는 다양한 의료 처치가 포함된다.

● 연명치료 방법

연명치료를 거부하고 자연사를 원하는 사람이 많아졌다. 그런데 다들 연명치료가 무엇인지 재대로 알고 거부하는 걸까? 연명치료와 관련된 의료 처치에는 어떤 것들이 있는지 확인한 후에 자기 의사를 전달하는 게 중요하다.

연명치료는 주로 다음과 같은 처치를 포함한다.

① 심폐소생

심장이나 호흡이 정지했을 때의 치료 수단. 심장 마사지, 전기 쇼크, 기관내 삽관 등이 있다. 뼈가 약한 고령자에게 심장 마사지는 갈비뼈골절을 일으킬 수 있다. 그리고 한번 심장이 멈추면 다시 뛰게 해도 뇌사나 식물인간 상태가 되는 경우도 있다.

② 기관절개

기도가 혀에 막혀 질식 상태거나 뇌사 상태일 때 목에 구멍을 뚫는 처치.

③ 인공호흡기

자가호흡이 불안정할 때 호흡을 돕는 장치.

④ 강제 인공영양

입으로 음식물을 섭취할 수 없을 때 강제로 영양분을 공급하는 방법을 말하며 비위관, 위루관, 중심정맥영양 등이 있다. 튜브 삽입에 따른 불쾌감을 비롯해 회복 및

생활의 질(QOL, quality of life)을 고려해야 한다.

⑤ 수분 보급

입으로 수분을 섭취하지 않으면 탈수 상태에 이르므로 손이나 다리의 정맥에 수액 주사를 처치한다. 방법으로는 말초정맥수액, 대량피하주사 등이 있다. 나이가 들면 혈관이 약하기 때문에 주사 놓을 곳을 찾기 어려운 경우도 있다. 대량피하주사의 경우 수액의 속도가 빠르면 통증을 유발하므로 가능한 한 속도를 줄여야 한다.

⑥ 인공투석

신장이 기능하지 않을 때 신장을 대신해 혈액을 정화하는 의료 행위로, 단시간에 체내 환경이 급변하므로 고령자에게는 큰 부담이다. 일단 한번 시작하면 죽을 때까지 계속해야 한다.

⑦ 수혈

피를 토하거나 혈변 증상이 있을 때는 수혈이 필요하다. 하지만 위나 장의 말기 암은 지혈이 어려워서 결국 의미 없는 수혈을 반복해야 한다.

⑧ 강력한 항생제 사용

오연성 폐렴이 반복되어 일반적인 항생제로 처치가 안
될 때 한층 강한 항생제를 사용한다(《과도한 의료로 고생하지 않
고 편히 떠나기濃厚医療で苦しまない大往生》 참조).

● 장점과 단점

연명치료의 장점은 문자 그대로 조금이라도 생명을
연장할 수 있다는 점이다. 그러나 대부분 고통을 수반한
다. 그럼에도 완치할 수 없으므로 이전처럼 건강한 상태
로 돌아갈 수는 없다. 또 연명치료는 한번 시작하면 언
제 끝날지 알 수 없다. 예를 들어 인공호흡기를 제거하
면 사망할 수 있으므로 도중에 제거할 수 없다. 또 연명
치료로 오래 살면 살수록 의료비 부담이 커진다.

삶을 어떻게 마감할지는 오롯이 본인 혼자서 결정해
야 한다. 더 이상 미루지 말고 건강할 때 충분히 생각해
두어야 한다.

○
◉
서구에는 침대 생활을 하는 노인이 없다
○

지난 2015년 봄, 네덜란드로 고령자 주택 시찰을 갔을 때 받은 문화적 충격은 상상 이상이었다.

● 네덜란드에는 '연명'이라는 말조차 없다

"질문 하나 하겠습니다. 연명치료에 대해 궁금한 점이 있는데요. 네덜란드에서는 어떻게 이루어지고 있나요?"

내 질문에 상대는 웃으며 이렇게 말했다.

"연명이요? 네덜란드에는 연명이라는 말이 없어요."

이 말은 네덜란드에서는 '연명'을 하지 않는 것이 당연하다는 의미다. 네덜란드에서 연명치료는 환자가 선택하는 것도 아니고 의사가 결정하는 것도 아니다. 그냥 애초에 존재하지 않는다. 내 질문에 답변해준 분은 회복 가능성이 있는 환자에게 일시적인 처치로 위루관 수술을 하는 경우는 있지만 그것이 연명을 위한 조치는 아니라

장수 지옥

고 딱 잘라 말했다.

'연명'을 하지 않는 것은 네덜란드뿐만 아니라 서구권의 기본적인 사고방식이다. 그래서 서구권에는 침대 생활을 하는 노인이 없다. 늙어서 침대 생활을 하는 사회현상은 일본에만 있는 문화일지도 모르겠다.

임종기 의료에 정통한 의사의 저서를 읽어보면 서구의 임종기 치료가 일본과 매우 다름을 알 수 있다.

의사 부부인 미야모토 겐지宮本顯二와 미야모토 레이코宮本礼子의 공저인 《서구에는 침대 생활을 하는 노인이 없다欧米に寝たきり老人はいない》를 보면, 일본에서는 스스로 음식물을 섭취하지 못하는 고령자에게 수액이나 경관영양(經管營養, 튜브를 끼워 영양물을 보급하는 영양법―옮긴이) 처치가 당연하지만 스웨덴에서는 이런 처치를 하지 않는다는 사실을 알고 깜짝 놀랐다는 대목이 있다.

서구권에는 정말로 침대 생활을 하는 노인이 없는 걸까? 사실이라면 왜 없는 걸까? 그리고 왜 일본에는 침대 생활을 하는 노인이 많은 걸까?

이 질문에 대해 미야모토 겐지는 다음과 같이 답했다.

그 이유는 고령자가 임종기를 맞이하면 음식물 섭취가 여의치 않다는 사실을 당연시하고, (중략) 국민들 사이에 연명은 비윤리적이라는 공감대가 형성되어 있어요. 연명치료가 오히려 노인 학대라는 주장도 있고요.

일본처럼 음식 섭취를 못하는 고령자에게 수액이나 경관영양 처치를 하지 않아요. 폐렴을 일으켜도 항생제 주사 없이 내복약으로 처방하더군요. 그래서 양손을 묶을 필요도 없죠. 말하자면 침대 생활을 하기 전에 사망하는 거죠. 이러니 침대 생활을 하는 노인이 없을 수밖에요.

(같은 책에서 인용)

● 자신과 가족이 침대 생활을 하지 않기 위해

미야모토 겐지가 말하는 '양손을 묶을 필요도 없죠'는 어떤 의미일까? 의료 현장에서는 연명장치가 너무 고통스러운 나머지 환자 스스로 인공호흡기나 수액 주사를 떼어버리려는 일이 빈번하다. 의료진은 이를 막기 위해 양손을 침대에 묶는다. 이것이 일본의 고령자 의료 현장이다.

반면 서구에서는 연명치료를 하지 않기 때문에 죽음이 자연스럽다. 일본이 후진국도 아니고 의료계 또한 발전했을 텐데 어째서 침대 생활을 하는 사람을 양산하는지 궁금하지 않은가? 의사들은 학회 등을 통해 서구의 사정을 잘 알고 있을 텐데 말이다.

나는 궁금하기도 하면서 동시에 화가 난다.

왜냐하면 돈에 눈이 먼 의료계의 민낯이 보이기 때문이다. 원인은 이뿐만이 아니다. 병원을 맹신하고 의사에게 일임하는 일본인의 의식에도 문제가 있다. 또한 생명에 대한 교육 부재도 문제다.

네덜란드인은 일본인과 달리 개인을 존중한다. 그래서 의료진이나 가족이 아닌 바로 자기 자신의 의향이 가장 중요하다. 아무리 뜻밖의 일일지라도 본인 생각이 최우선이다. 안락사가 법제화된 것만 봐도 개인을 존중하는 국민성을 엿볼 수 있다.

그런데 일본인은 네덜란드인과 달라도 너무 다르다. 자기 목숨인데 의사에게 맡기거나 가족에게 일임한다. "그렇게 말하면 의사 선생님께 실례잖아요"라며 자신의 의견을 주장하지 않는다. 의사 말을 고분고분 듣느라 2차 소견은 생각지도 않는 사람이 많다. 자기 목숨은 자신만이 지킬 수 있는데도 말이다.

이렇게 말한다고 뭐라 할지도 모르겠지만, 삶과 죽음에 대한 공부를 하지 않으니까 자신의 의견이 없을 수밖에 없다. 연명치료에 대한 지식은 의사의 말이 아닌 본인 스스로가 공부해서 익혀야 한다. 자신의 의견이 없으면 본인은 물론이고 가족을 고통에 빠트린다.

문화가 달라서일까? 아니면 걸어온 역사가 달라서일까? 권위에 꼼짝 못하는 분위기가 결과적으로 오늘날 일본을 장수 지옥으로 만든 건 아닐까?

나처럼 의료 비전문가가 아닌 미야모토와 같은 전문가의 책을 읽어보면 많은 도움이 될 것이다. 본인이 침대 생활을 하지 않기 위해서라도 그리고 가족의 침대 생활을 막기 위해서라도 지금 건강할 때 공부해둘 필요가 있다. 가까운 장래에 "일본에도 연명치료라는 말이 없어요"라고 할 수 있는 세상이 왔으면 좋겠다.

부부 노인 지옥, 독신 자매 노인 지옥

초고령사회인 일본은 유난히 '2025년 문제'가 커 보인다. 제2차 세계대전 후 일본은 출산을 장려했다. 나 자신도 이런 장려책으로 태어났다. 그 결과 아이들의 수가 콩나물시루처럼 빽빽해졌다. 나보다 1년 전인 1946년에 태어난 사람들은 전쟁 때문에 한 학년에 반이 두 개뿐이었다. 그런데 1947년생인 내가 학교에 들어가던 해는 반이 열 개로 늘어 임시 교실에서 공부해야 했다.

나를 포함해, 베이비붐으로 태어난 사람들이 2025년이 되면 후기 고령자가 된다. 그것도 콩나물시루째로 말이다. 태어날 때 콩나물시루째로 태어났으니, 70년이 지나면 70세 콩나물시루, 75년이 지나면 75세 콩나물시루가 된다. 사실 이건 누구나 예측할 수 있는 사실이었는데도 이제야 큰 문제인 양 취급하는 게 화가 난다.

아무리 젊게 산다고 해도 세월을 막을 수는 없다. 동

창회에 나가면 나이를 실감한다는 사람도 많다. 오래 산다는 건 노인으로 오래 산다는 걸 의미한다. 결혼할 때는 듬직했던 세 살 연상의 남편도 50대를 넘기면 그냥 노인이다. 예전에 아름다웠던 아내도 노인이 된다. 서로 나이 차가 있다면 상대를 보살펴줄 수 있지만 노인이 노인을 보살피는 일은 체력적으로 쉬운 일이 아니다.

● 장수, 또 하나의 문제는 치매

소위 '노노개호(老老介護, 일본에서 노인이 노인을 돌본다는 의미로 사용되는 조어―옮긴이)' 문제는 치매환자 증가세와도 관련이 있다. 젊은층이 치매에 걸리는 경우도 있지만 치매환자가 늘어난 배경에는 아무래도 장수 문제가 있다. 요컨대 장수와 치매는 불가분의 관계다.

일본 내각부는 《2016년 고령사회 백서》를 발행하면서, 2012년 치매환자 수는 462만 명으로 65세 이상 고령자 7명 중 1명꼴이었는데, 2025년이 되면 치매환자 수가 약 700만 명으로 늘어 고령자 5명 중 1명꼴이 될 것으로 추산했다.

1장에서도 살펴봤듯이 2007년 12월에 일어난 치매환자 열차 사고 사망 사건은 결과적으로 '유족에 책임 없음'으로 판결이 났지만 철도회사측이 유족 책임이라고 소송을 제기하면서 큰 반향을 일으켰다. 단카이 세대가 한꺼번에 75세가 되고, 그 10년 후 85세가 되는 날이 오면 부부가 모두 치매인 가정이 틀림없이 많아진다.

자식이 있어도 함께 살지 않으면 치매 부모를 돌봐줄 사람은 없다. 치매 전문 요양원에 들어갈 수 있으면 좋겠지만 65세 이상 고령자 5명 중 1명이 치매환자라는 2025년 이후, 본인이 당연히 이런 시설에 들어갈 수 있으리라고 생각한다면 너무 안이한 처사다. 나도 치매에 걸리고 싶은 생각은 눈곱만큼도 없지만 자신의 노후가 어떻게 될지는 아무도 모른다.

노인이 노인을 돌보다가 상대를 목 졸라 죽이고 본인도 자살했다는 사건이 보도될 때마다 노인이라는 사실만으로도 사는 게 지옥인데 치매인 상대까지 돌봐야 하는 일본의 궁핍한 복지 현실이 너무나도 암담하다. 죽지 않고는 안심할 수 없다니 잘못돼도 뭔가 한참 잘못됐다.

생을 마감하는 마지막 길은 누구나 안심할 수 있어야 한다. 장수와 치매 문제 그리고 치매환자와 함께 살아야 하는 보호자의 문제는 앞으로 눈덩이저럼 커질 것이다.

● 자식이 있어도 의지할 수 없는 노인들

불과 얼마 전에도 이런 사건이 있었다. 내가 주재하는 단체의 회원이 사망했다는 소식을 들었다. 소식을 전한 사람은 그녀의 딸이었다. 모친의 부고를 딸이 알려주는 건 흔한 일이라 별 생각 없이 대응했는데, 그녀의 이야기를 듣고 귀를 의심하지 않을 수 없었다.

"어머니의 죽음을 어제 인터넷 뉴스로 알았어요."

어머니의 죽음을 인터넷 뉴스로 알았다고? 무슨 말이지? 바로 이해가 되지 않아 인터넷으로 찾아보니 정말로 기사가 실려 있었다. 노부부의 주검이 방문한 가족에 의해 발견되었다는 기사였는데, 딸은 어머니와 한동안 소원하게 지냈다고 한다.

사고일까? 사건일까? 경찰은 알고 있을 테고, 남의 일을 입에 올리는 모양새라 좀 그렇지만 노인이 노인을 보살피다가 생긴 불우한 결말이 아닐까?

회원은 85세 여성으로 치매 증상이 있었는데, 해를 거듭할수록 상태가 나빠졌다고 한다. 언젠가 남편이 아내가 연회비를 납부할 수 없어 대신 납부했다며 사무국으로 연락을 해온 적이 있다. 그때 잠시 남편과 이야기를 나눌 기회가 있어 그분들의 상황이 짐작이 갔다.

전화상이었지만 남편은 매우 다정다감한 성품이 느껴졌다. 아내와는 동갑인데, 그런 아내가 치매라니 안타까운 사연이었다. 한편으로는 남편 혼자 너무 애쓰는 건 아닐까 걱정이 들었다.

요즘은 자식이 있어도 의지하지 않거나 의지할 수 없는 노인이 많다. 노부부의 경우 둘 중 누군가의 보살핌이 필요한 경우가 생기면 다른 한 사람이 희생하는 것 말고는 다른 뾰족한 수가 없다. 정말 다른 방법이 없는지 이제는 반드시 고민하고 넘어가야 할 문제다.

'사회복지협회' 등에 도움을 청하지 않고 본인이 직접 감당하려는 게 잘못이라고 지적하는 사람도 있는데, 이 나라는 남에게 너무나 냉정하다. 고령자끼리 무엇을 할 수 있다는 말인가? 언제까지 부부만의 문제로 놔둘 것인가? 정말로 이 나라에서 행복한 죽음은 교통사고로 갑자기 생을 마감하는 방법밖에 없다는 말인가? 적어도 나는 행복하게 오래 살 수 있는 삶을 떠올리려야 떠올릴 수가 없다.

'노노개호'라면 부부가 먼저 연상되지만 독신자가 많은 오늘날에는 자매간의 보살핌도 들여다봐야 할 문제다.

● 독신 자매를 위협하는 치매

반드시 배우자나 자녀가 노인을 돌보는 것은 아니다. 형제는 잘 모르겠지만 자매는 어느 정도 나이가 되면 함께 사는 경우가 많다. 부모를 여의고 삶에 쫓겨 살다가 정신 차리고 보니 자매 둘이 미혼인 경우가 있다. 둘 다 혼자인 몸이라 의지할 곳이 없어 노후가 불안하기 때문에 함께 의지하며 산다.

88세인 세쓰코 씨(가명)는 90세인 언니 도시코 씨(가명)와 단독주택에서 함께 산다. 젊을 때는 각자 혼자 살았지만 둘 다 70세가 넘은 뒤에는 누가 먼저랄 것도 없이 함께 살게 되었다.

"부모님도 안 계시고 가족이라곤 치매에 걸린 언니뿐이에요."

이들 자매는 처음에는 유료노인홈으로 갈 생각도 했지만 연금이 적어서 단념하고 부모가 남겨준 집에서 마지막을 보내기로 결정했다고 한다.

"쭉 혼자서만 살아서인지 함께 살려니 성가신 일도 많았어요. 하지만 같이 이야기하고 같이 밥 먹을 상대가 있다는 게 너무 좋았어요. 나이 들면 몸도 말을 안 듣고 여기저기 아프니까 서로 의지가 되었죠."

하지만 이런 단란한 생활도 언니가 치매 증상을 보이면서 급변했다.

"언니가 2년 전부터 건망증이 심해졌어요. 몸도 쇠약해져서 지금은 거의 침대 생활을 하죠. 몇 번이나 먹을 약을 알려줘도 금세 잊거나 다른 약을 먹어서 큰일이에요."

이렇게 말하는 동생도 다리가 굽어서 외출은 어려워 보였다. 집에는 사회복지사나 왕진 의사, 간병 자원봉사자 등이 오가며 자매를 돕고 있었지만 동생의 건강도 다소 불안한 상태였다.

곁에서 보고 있자니 노인 둘이 견뎌내야 했을 삶의 고단함이 느껴졌다. 부부든 자매든, 또는 친구 사이든 '노노개호'는 녹록지 않다. 결론적으로 노인들이 저렴하게 입소할 수 있는 시설이 필요하다.

'2025년 문제'를 해결하려면 저렴한 시설을 많이 만드는 수밖에 다른 방법이 없다. 복지 예산 삭감이 목적인 정부는 재택개호를 추천하지만 잘못된 정책이다. 지금 이대로라면 공멸하는 것도 시간문제다.

SSS네트워크의 회원 중에도 자매가 동시에 가입하는 사례가 눈에 띄게 늘었다. 지택에서 유료노인홈으로 옮기는 자매도 많다. 이처럼 경제적으로 문제가 없어 유료 노인홈으로 옮길 수 있는 사람이라면 괜찮겠지만 그렇지 못한 사람은 어떻게 하란 말인가? 지옥을 맛보라는 말인가? 돈이 없는 게 죄란 말인가? 이런 문제를 단순히 자기책임으로 돌리고 싶지는 않다.

일본 정부는 냉정하기 짝이 없다. 아직 늦지 않았으니 정부는 도로를 확충하는 사업 따위는 그만두고 노인들의 마지막을 책임져줄 곳을 확보하는 데 힘써야 한다.

인도에는 죽음을 기다리는 집이 있다고 한다. 죽음이 다가오면 그곳에 가서 아무것도 먹지 않고 죽음을 기다린다. 그리고 죽는다. 시신은 갠지스강으로 흘려보내 자연으로 돌아간다.

인도의 사생관은 우리들에게 시사하는 바가 크다. 죽음을 기다리는 집이 있는 인도가 부러울 따름이다.

○
◉
갈 곳 없는 노인들이 다다르는 곳
○

70세인 노리코(가명) 씨는 55세 때 이혼하고 지금은 도쿄에서 어머니와 단둘이 산다. 두 명의 자녀는 이미 결혼해서 각자의 가정을 꾸리고 있다. "맞벌이여서 깔끔하게 헤어질 수 있었죠. 다행이에요." 그녀가 웃으며 한 말이다.

노리코 씨의 어머니는 85세가 되던 해부터 상태가 나빠졌는데, 정신은 온전했지만 다리가 불편해 빨리 걸을 수가 없었다.

"다들 100세까지는 거뜬히 살 것 같다고 할 정도로 건강했는데 충격이었어요. 왜 갑자기 이런 일이 생겼을까요? 나이가 들면 어느 날 갑자기 사단이 나나 봐요. 그 이후로 어머니의 삶은 180도 바뀌었죠."

노리코 씨의 어머니는 정밀검사를 위해 1주일간 입원했고 골다공증에 따른 보행 곤란이라는 진단을 받았다.

병원 측은 더 이상 상태를 호전시킬 수 없다고 덧붙였다.

● 자택도 노인홈도 아닌 또 다른 선택지

노리코 씨는 앞으로 걷기 힘들 거라는 어머니를 마주하고 망연자실했다. 어머니를 집에서 돌봐야 하나? 45킬로그램밖에 안 되는 노리코 씨는 체격이 좋은 어머니를 화장실까지 부축하는 일조차 버거워 보였지만 일단은 노력해보기로 했다고 한다.

그런데 노리코 씨가 허리를 다치는 바람에 간병이 힘들어졌다. 그래서 케어매니저(환자나 노인의 요양을 계획하고 관리하는 전문가로 일본에서는 국자 자격시험을 통해 배출하고 있다—옮긴이)와 상담했는데, 그때 로켄老健이라는 곳을 추천받았다고 한다.

로켄의 정식 명칭은 개호노인보건시설介護老人保健施設이다. 돌봄이 필요한 고령자의 자립을 지원하고 가정으로 복귀하는 것을 목표로 다양한 서비스를 제공하는 시설이다. 의사의 관리하에 간호나 간병을 받을 수 있고 작업치료사가 있어 재활치료를 비롯해 영양관리, 식사, 입욕 등 일상생활 서비스까지 받을 수 있다. 한마디로 가정 복귀가 목표인 단기 체재 시설이다. 병원을 나와도 바로 자택으로 돌아갈 수 없거나 특별양호노인홈에도 갈 수 없는 사람들이 주로 이용한다.

로켄은 의사가 상주하지만 의료기관이 아니므로 치료 행위는 하지 않는다. 어디까지나 집으로의 복귀가 목적인 재활시설이다. 그래서 로켄은 원칙적으로 3개월만 머물 수 있다. 하지만 현실은 단기 체재 시설이라기보다는 자택으로 돌아갈 수 없는 사람들이 머무는 곳이 되었다. 그래서 원칙은 3개월이지만 상황에 따라 1년 이상 머무는 사람도 있다.

● 회전목마처럼 뺑뺑이 도는 시스템

3개월이 만료된 노인들은 다른 로켄으로 옮긴다. 그리고 다시 3개월이 지나면 또다시 옮긴다. 이처럼 불안한 나날을 보내는 노인이 많다는 현실을 TV 다큐멘터리에서 본 적이 있다. 그래서 개인적으로 로켄에 대한 이미지가 좋지 않았다.

노리코 씨에게는 묻지 않았지만 왜 유료노인홈을 고려하지 않았는지 궁금했다. 어쩌면 자신의 노후도 걱정이라서 어머니에게 무작정 돈을 쓸 수 없었으리라. 어머니의 연금으로는 아무 일도 할 수 없었을 것이다. 노리코 씨의 심정도 충분히 이해된다.

어쨌든 노리코 씨의 어머니도 예외 없이 5년간 많은 로켄을 옮겨 다녔다.

"전전했군요"라고 하자 그녀는 이렇게 말했다. "전전이요? 그 말은 적절하지 않아요." 그녀가 다소 힘주어 말하는 바람에 아는 척했던 나는 쑥스러워졌다.

TV로 본 로켄의 이미지가 실제와는 다를지도 모르는데 확인도 없이 가볍게 말해 버려서 민망했다. TV 방송은 행복한 이야기보다는 비참한 이야기를 선호한다. 그리고 소위 그림을 만들기 위해서 다소 과장하는 경향도 있다.

노리코 씨의 설명에 따르면 로켄은 서로 연대하고 있다. 그래서 본인이 갈 곳을 스스로 찾는 시스템이 아니라 3개월째가 되면 로켄에서 옮길 곳을 추천해준다고 한다. 그곳이 마음에 안 들면 또 다른 곳을 추천받을 수도 있다. 말하자면 회전목마처럼 뺑뺑이 도는 시스템인 것이다.

"그렇군요. 방송에서는 쫓겨나서 갈 곳이 없어 곤란해하는 사람이 나와서 인정사정없는 곳인 줄 알았어요. 그렇지는 않군요? 근데 3개월에 한 번씩 옮기는 건 힘들지 않나요?"

우리가 아는 일반적인 이사와 달리 노인들은 짐이 없고 같은 방의 사람과도 잘 어울리지 않기 때문에 크게 부담스럽지는 않다고 한다. 친목 활동도 하지만 대부분의 노인들은 하루 종일 침대에 누워 지낸다. 로켄은 그런 곳이다.

"노리코 씨는 어머니를 안 모셔도 돼서 어떨지 모르겠지만 로켄에서 지내는 어머니는 어땠을까요?"

이렇게 묻자 아픈 곳을 찔렀는지 다소 떨리는 목소리로 이렇게 말했다.

"그야, 물론 누구나 자기 집이 편하죠. 어머니도 집에 가고 싶다고 한 적이 있어요. 하지만 어머니는 제 형편을 알고 있었죠. 어머니에게 즐거운 곳은 아니었겠지만 안심할 수는 있는 곳이었어요. 로켄 덕분에 나도 어머니도 신경을 곤두세우는 일이 줄어들었으니까요."

"일주일에 세 번은 어머니를 만나러 갔고, 손자들도 가끔 다녀갔기 때문에 다른 이용자보다 밝으셨죠."

그렇지만 어머니는 점차 넋을 놓고 있을 때가 많아졌다고 한다.

"예전에는 머리 회전도 빨랐는데 점점 기억력이 나빠졌어요. 아무래도 거동이 불편해서 움직이지 못하니 그런 것 같아요."

어머니는 로켄 생활이 4년째로 접어들던 해에 오연성 폐렴으로 병원에 이송되어 입원했다. 3개월 동안 입원 치료를 받고 퇴원해서 로켄으로 돌아갔는데 얼마 안 되어 이번에는 간질성 폐렴으로 다시 입원했다. 결국 감염이 의심된다는 이유로 로켄으로는 돌아갈 수 없게 되었다.

로켄은 병원이 아니므로 치료가 필요한 사람은 머물 수 없다. 이게 특별양호노인홈과 로켄의 다른 점이다. 로켄은 거주하는 곳이 아니라 임시로 머무는 곳이기 때문이다.

● 갈 곳 없는 노인이 마지막으로 찾는 곳

그 후 어머니가 가신 곳을 묻자 그녀는 말했다.

"요양 병동이 뭔지 아세요?"

처음 듣는 곳이었다. "네?"라고 되물었더니, 그녀는 씁쓸하게 웃으며 말했다. "일본에는 갈 곳이 없는 노인을 위한 시스템이 있어요."

"이미 코스가 짜여 있다는 말인가요?"

노리코 씨는 고개를 끄덕였다. 그녀의 설명에 따르면 큰 의료법인은 병원을 중심으로 노인복지사업을 전개한다. 즉 병원에서 더 이상 치료가 불가능한 환자에게는 데이서비스(시설 당일 이용 서비스―옮긴이), 로켄, 유료노인홈, 요양 병동 등 의료법인 산하 시설을 소개한다.

말하자면 '퇴원해서 돌아갈 곳이 있는가?', '금전적인 여유가 있는가?' 등을 종합적으로 고려해서 다음 스텝을 추천하는 것이다.

이처럼 병원이 체인망을 갖고 노인복지시설을 경영한다는 사실을 알고 있었지만 요양 병동까지 경영할 줄은 몰랐다. 내가 궁금해서 물었다.

"근데 요양 병동이라는 곳은 어떤 곳인가요?"

"사정이 있어서 집으로 가지 못하는 사람을 위한 마지막 선택지예요." 노리코 씨의 대답이다.

"아, 그렇다면 최종적으로 받아주는 곳이 있다는 거네요?"

"보시면 깜짝 놀랄 거예요. 큰 방에 침대가 쭉 늘어서 있고 거기에 사람들이 누워 있죠. 숨소리 외에는 꺼림칙한 정적만 돌아요." 노리코 씨는 복잡한 표정을 지으며 말을 이어갔다.

"갈 곳 없는 사람들을 재워주는 곳이 요양 병동이에요. 음, 그래도 식사는 나와요."

"죽음을 기다리는 장소라는 의미인가요?"

그녀는 고개를 크게 끄덕이며 요양 병동에 있는 친척의 병문안을 간 적이 있어서 그 존재를 알았다고 했다. 그래서 어머니가 로켄을 거부하자 요양 병동을 떠올렸던 것이다.

하지만 노리코 씨는 다행히 몇 년 전 신청해 둔 특별양호노인홈과 타이밍이 맞아떨어져 요양 병동은 피할 수 있었다고 한다.

지극히 개인적인 의견이지만 마지막을 보내는 곳은 정부가 관리하는 시설인 특별양호노인홈이어야 한다고 생각한다. 이렇게 해준다면 소비세를 올려도 누구 한 사람 불만스러워하지 않을 것이다. 나라는 아무것도 해주지 않으면서 소비세만 올리니 다들 반대하는 것이지 목적이 명확하다면 누가 반대를 하겠는가?

누구나 노후 걱정을 한다. 노후를 안심할 수 없으니 고령자는 돈을 꽁꽁 싸둔다. 이래서야 경제가 정체할 수밖에 없다. 여러 가지 의미에서 삶의 마지막은 안심할 수 있어야 한다.

돈이 있는 사람은 유료노인홈에서 안심하며 노후를 보내지만 돈이 부족한 사람은 로켄을 맴돈다. 이게 과연 옳은 일일까? 국가는 도로나 건물을 지을 게 아니라 국민이 노후를 안심하고 보낼 수 있도록 특별양호노인홈 확충에 힘을 쏟아야 할 것이다.

● 특별양호노인홈, 또 하나의 벽

"오호, 운이 좋았군요. 특별양호노인홈에 들어가다니!"

그러자 노리코 씨는 고개를 절레절레 흔들었다. 특별양호노인홈에 들어갈 때는 본인의 주소도 특별양호노인홈으로 옮겨야 한다. 즉 특별양호노인홈이 자기 집이 되는 셈이다. 하지만 여기에도 벽이 있다. 들은 이야기라 어디까지가 진실인지 모르겠지만, 입으로 음식물을 섭취할 수 없는 사람은 위루관 수술을 해야 특별양호노인홈에 들어갈 수 있다고 한다. 이는 어디까지나 운영상의 문제로, 음식을 수발할 일손이 부족하기 때문이다.

"특별양호노인홈에 들어가려고 위루관 수술을 했어요."

어머니는 위루관 수술을 한 후 고열에 시달리고 의식이 점점 흐려졌다고 한다. 그리고 특별양호노인홈으로 옮기고 나서 반년 후에 위루관 수술로 뚫은 구멍의 상처가 낫지 않아 세균 감염으로 사망했다. 노리코 씨의 어머니는 시설에서 시설로 여행을 다니다가 91세로 인생을 마감한 것이다.

유료노인홈은 결코 천국이 아니다

"저는 직업상 1,800군데 고령자 시설을 봐왔는데, 부모님을 모실 만한 곳은 한 곳도 없었어요."

유료노인홈 등 고령자 시설을 소개하는 회사의 직원이 한 말이다. 보통은 좋은 이야기만 하기 나름인데 그의 말에 다소 놀랐다. 그는 "고급 시설이라도 어차피 단체 생활이죠. 개개인에 딱 맞아떨어지는 곳은 존재하지 않아요"라며 잘라 말했다.

나도 직업상 많은 시설을 취재해왔다. 그래서 좋은 시설을 소개해달라는 요청을 자주 받는데, 그럴 때마다 이렇게 말한다. "사람은 다 다르니까 내가 좋다고 해도 당신에게는 맞지 않을 수 있어요. 그러니까 본인이 찾아야 해요."

나는 아무리 추천할 만한 시설이 있어도 남에게 소개하지 않는다. "이런 시설이 있어요" 정도로 이야기할 뿐이다. 왜냐하면 가서 보니 다르더라는 말을 들을 게 뻔하기 때문이다.

● 유료노인홈에 가면 안심할 수 있을까?

사회복지법인을 경영하는 지인이 있다. 그녀가 운영하는 시설은 미적 감각이 매우 뛰어나서 방문 때마다 좋은 느낌을 받는다. 한 번은 진심으로 말했다. "너무 좋네요. 돈만 있으면 여기서 살고 싶어요." 그 말에 그녀는 진지한 얼굴로 고개를 흔들었다.

"시설은 살 만한 곳이 아니에요."

칭찬받으면 기쁠 텐데 아는 사람이어서 본심을 말해준 걸까? 어쨌든 나도 취재를 거듭하면서 아무리 훌륭한 시설이라도 '시설은 시설일 뿐이다'라는 생각이 들었다. 혼자 살기 어렵거나 지병이 있다면 도움이 되겠지만 일상생활이 가능하다면 굳이 갈 곳이 못 된다.

그리고 자립형 유료노인홈이 아닌 돌봄을 제공하는 유료노인홈은 일반적으로 본인의 선택이 아닌 가족의 의향으로 입소가 결정된다. 즉 가족이 집에서 생활할 수 없다고 판단해서 시설을 찾는 경우가 대부분이므로 본인의 의사보다는 가족의 결정이 우선이다. 개인적인 생각이지만 유료노인홈은 본인을 위해서가 아니라 가족을 위해 존재하는 곳이라고 해도 과언이 아니다. 문득 이런 글을 쓰고 있노라니 한심하기 짝이 없다. 가족에게 애정이 있기나 한 걸까? 과연 누구의 행복을 위한 결정인지 잘 모르겠다.

이렇게까지 말하고 싶지 않지만 부모나 반려자의 장수는 가족에게도 본인에게도 큰 부담인 게 현실이다. 부모를 생각하면 돌보는 자식이 힘들고 자식을 생각하면 부모가 참아야 하는 실정이다. 금전적으로 넉넉하지 못한 입장이라면 부모를 유료노인홈에 모실 수 있는 재력이 부러울 수 있지만 아무도 말을 걸어주지 않는 곳에서 창밖만 멍하니 바라보고 앉아 있는 부모를 보는 것도 가슴 아픈 일이다.

나는 그나마 환경이 잘 갖추어진 유료노인홈에 계신 분들을 보고도 '안심이 돼도 힘들겠구나'라는 생각을 한다. 삐뚤어진 생각일까? 나는 시설을 방문할 때마다 그렇게 되기 전에 죽고 싶다고 다짐한다. 시설 생활에 만족하는 분도 있겠지만 극소수에 불과할 것이다.

● 노년을 어떻게 살아야 할까?

얼마 전에 일본인이라면 누구나 알 만한 유명인이 살고 있다는 고급 유료노인홈을 취재한 촬영감독에게 이런 이야기를 들었다. 그곳은 문을 열 당시 나도 감탄을 하며 취재한 곳이라 잘 기억하고 있다. 그곳은 정말로 드라마에나 나올 법한 곳이어서, 유명 배우가 로비에서 서성거린다고 해도 전혀 이상하지 않을 정도다.

"역시 혼자 사는 유명인은 그런 곳에 가는군요." 내가 부러움 섞인 말을 하자 돌아온 촬영감독의 답변은 의외였다.

"그 유명인은 여든다섯 살이지만 여전히 프랑스 배우처럼 귀티가 흘러넘쳤어요. 화장도 정성스럽게 하고 말이죠. 주변에 있는 비슷한 연배와는 딴 세상 사람 같았어요. 고급스러운 장소와 잘 어울리는 고가의 액세서리도 하고 있었어요. 근데 미안한 말이지만 '우아, 멋져'라는 생각은 들지 않더라고요."

내가 고개를 갸우뚱하자 50대 여성 촬영감독은 이렇게 말했다. "그분이 예순이었다면 멋지다고 생각했을 텐데, 여든다섯이나 되니까 아무리 아름답게 치장해도 나이가 감춰지지 않는 거죠." 요컨대 늙었는데 애써 꾸민 모습에 애잔함을 느꼈다는 것이다.

나 역시 15년 후에는 그 유명인과 같은 나이가 된다. "마쓰바라 씨, 너무 젊게 보이려는 거 아니에요? 그래 봐야 나이는 속일 수 없어요." 이런 비웃음을 사지 않으려면 어떻게 해야 할까? 정말 걱정이다.

굳이 젊은 시절로 돌아가고 싶지 않다고 말하는 어르신도 많다. 이렇게 말하는 이유는 그렇게라도 생각하지 않으면 현재의 자신이 너무 애처롭기 때문이지 않을까? 젊을 때는 누구나 아름답다. 그런데 대다수는 젊음을 잃고 나서야 그 가치를 깨닫는다.

돈이 흘러넘쳐도 세월은 피할 수 없다. 죽을 때까지 남들에게 의지하고 싶지 않지만 세월은 끊임없이 몸을 좀먹는다. 노년을 어떻게 살아야 할까? 비참하게 인생을 마감하지 않으려면 어떻게 해야 할까? 요즘은 이런 생각들이 머리에 가득하다. 젊었을 때는 몰랐던 세월의 엄혹함을 실감하는 날들이 새삼 많아졌다.

서비스 제공형 고령자 주택이 인기

어쨌든 건강이 걱정인 고령자에게 유료노인홈은 큰 도움이 된다. 마지막을 고령자 주택에서 보내기로 결정한 분의 이야기를 들어보면 하나같이 "불안해요"라고 한다. 뭐가 불안한지 물어보면 앞으로 무슨 일이 일어날지 몰라서 불안하다고 한다. 병에 걸릴 수도 있고 쓰러질 수도 있다. 고령일수록 불안감은 더 크다. 거동이 불편해지기 전에, 치매 증상이 생기기 전에 자신의 몸을 의탁해두고 싶은 것이다.

그럼 오늘날 일본에는 고령자에게 어떤 선택지가 있을까? 여기서는 유료노인홈과 서비스 제공형 고령자 주택을 중심으로 살펴보겠다.

둘의 가장 큰 차이는, 전자는 입소료와 이용료가 비싸지만 식사나 돌봄이 포함되어 있고, 후자는 입소료가 없는 곳도 있고 이용료도 저렴하지만 식사나 돌봄 서비스가 없다는 것이다. 돌봄이 필요하다면 본인이 별도로 간병인 등을 찾아야 한다. 즉 거주만 보장받으므로 월세 주택과 별반 차이가 없다. 다만 경비나 순찰을 도는 사람이 있는데, 이런 서비스가 필요하다면 신문 구독을 하는 것도 하나의 방법이다.

● 서비스 제공형 고령자 주택, 격차가 심하고 천차만별

명칭이 '서비스 제공형'이라서 돌봄 등의 서비스를 제공하는 곳으로 착각하는 사람도 많을 텐데, 말하자면 스스로 서비스를 제공한다는 의미로 이해하는 편이 맞다. 이곳은 국토성과 후생노동성 관할이라 아무래도 건설 회사를 살찌우기 위한 곳이 아닐까 의심된다.

국가는 서비스 제공형 고령자 주택을 활성화하기 위해 보조금을 지급한다. 여러분 주변에 있는 공사장이 어쩌면 서비스 제공형 고령자 주택일지도 모른다. 집주인은 입주자 1명당 보조금을 받는데, 10인용을 지으면 10명분의 보조금을 받는다. 하지만 생각보다 입주자가 없어서 목이 빠지는 집주인도 많다고 한다.

욕실이나 부엌이 없는 곳도 있으므로 잘 따져 봐야

한다. 식당이 있어서 들어갔는데, 말과 달리 없어져버렸다는 이야기도 들었다. 유료노인홈처럼 직원이 상주하는 곳도 있지만 그렇지 않은 곳도 많다.

서비스 제공형 고령자 주택은 너무나 천차만별이라 일괄적으로 어떻다고 말할 수는 없지만 가격적인 면도 그렇고 앞으로는 유료노인홈보다는 서비스 제공형 고령자 주택이 각광을 받을 것으로 보인다. 어쩌면 조만간 명칭이 바뀔 수도 있을 것이다.

○
◉
돌봄 시간제 직원이 본 실태
○

최근에는 돌봄이 필요한 사람이 증가할 거라는 예측 때문인지 특별양호노인홈은 점점 줄고 돌봄 제공 유료노인홈은 늘고 있다. 이에 따라 노인 돌봄 인력의 부족 현상도 큰 사회문제로 대두되고 있다.

유료노인홈을 견학한 적은 많았지만 돌봄 일을 하는 분들의 이야기를 직접 듣기는 좀처럼 쉽지 않았다. 취재를 요청하면 시설 측이 주로 입소자를 선정해주는데 아무래도 본인이 거주하는 시설을 나쁘게 말하는 경우는 드물기 때문에 어쩌면 취재 자체는 의미가 없다.

며칠 전 한동안 만나지 못한 65세인 지인에게 전화를 했더니 놀랍게도 그는 돌봄 제공 유료노인홈에서 시간제로 일하고 있다고 한다. 원래는 업계에서 꽤 알아주던 남성 일러스트 작가였는데 유료노인홈에서 일하다니 무슨 일인지 묻자, 연금 생활이 빠듯해서 일을 할 수밖에 없었다고 한다. 그는 평생 일할 생각이어서 평소 저축을 많이 하지 않았는데, 60세가 넘자 일감이 점점 줄어 지금은 아예 없다는 것이다.

남자와 여자의 차이일까? 같은 프리랜서라도 여자들은 보통 저축을 많이 한다. 아무튼 아무리 의욕이 넘쳐도 현실은 냉정하다. 나이가 많다는 이유로 거절당하는 일도 많았다고 한다. 지인은 생활을 위해 한 푼이라도 벌어야 해서 자존심을 버리고 노인 돌봄 일을 하고 있다.

"노인 돌봄이라고요? 해본 적은 있어요?"

내가 놀라서 묻자 웃으며 고개를 절레절레 흔들었다. 일손이 부족해서 경험이 없어도 시켜준다고 한다. 미경험자를 우선시하는 파견 회사에 등록해두면 연락이 오는 모양이다.

지인도 파견 회사를 통해서 유료노인홈에 채용되었다고 한다. 놀랍게도 신문이나 TV 광고에서 익히 들어본 적이 있는 전국 규모의 대형 유료노인홈의 체인점이었다. 어디라고 하면 누구나 알 수 있다. 내 친구 한 명도 어머니를 이 회사 체인점 중 한 곳에 모셨다.

지인은 가나가와현에 있는 시설에서 일하고 있는데 입소자 수는 약 70명으로 새하얀 외관이 아름다운 건물이라고 한다. 입소료는 없고 매월 15만~18만 엔의 이용료를 받는데, 지금 빈방이 없을 정도라고 한다.

● 심각한 일손 부족, 돈이 목적인 블랙기업

지인이라는 이점을 살려 그에게서 직원 입장에서 본 유료노인홈의 실태를 들을 수 있었다. 지인은 먼저 일손이 턱없이 부족하다고 지적했다. 그래서 자기도 일할 수 있었다며, 이 점은 감사하게 생각한다며 빙그레 웃었다.

"일하는 입장에서 시설의 실태는 어때요?"

이렇게 묻자 그는 이렇게 말했다.

"다른 회사는 모르겠지만 심각해요. 이 시설을 운영하는 회사는 그야말로 돈벌이가 목적인 블랙기업(저임금과 장시간 노동 등 불합리한 노동을 강요하는 기업을 이르는 말—옮긴이)이죠. 입소자가 우선이라고 선전하지만 다 거짓말이고 돈이 우선이에요. 업무 환경도 열악해서 힘들어서 견디지 못하고 그만두는 사람이 많아요."

70명 입소자를 주간 근무자 6명이서 돌봐야 한다니 놀랍기만 하다. 보통 특별양호노인홈은 10명을 2명이서 돌보는 체제지만, 여기는 70명을 3명의 정규직과 3명의 시간제 파견직이 담당한다고 한다.

　이렇게 엉망인 시설은 들어본 적이 없다. 자립형이 아닌 돌봄을 제공하는 시설에서, 게다가 입소자들은 돌봄이 필요한 사람이 대부분이라고 한다.

　"한 층을 한 명이나 두 명이서 봐요. 전쟁이죠. 끔찍해요. 화장실 가고 싶다고 벨을 누르면 한 명밖에 데리고 갈 수 없으니까 다른 사람들은 화장실에 가고 싶어도 방치할 수밖에 없어요. 불쌍하지만 혼자서 일하니까 어쩔 도리가 없죠. 기저귀를 갈아줘야 하는 사람도 있는데, 화장실 가려는 사람이 많아서 그분은 계속 기다릴 수밖에 없어요. 그래서 늘 기저귀 속이 엉망진창이에요. 일이 이렇다 보니 젊은 사람들은 손사래를 치고 나가요."

　기저귀를 갈아주는 몇 분 이외에는 입소자와 대화할 시간도 없다고 한다. 이야기도 나누고 그림도 그려주고 싶은데 그럴 시간이 아예 없다는 것이다. 지인은 노인들의 기저귀를 갈아야 하는 고된 일이라면서도 해보면 누구나 할 수 있다며 쓸쓸하게 웃었다. 본인도 65세 고령임을 고려하면 중노동임에 틀림없다. 그래도 먹고 살려니 어쩔 수 없는 모양이다.

　욕실은 어떤지 궁금해서 물어봤다. 목욕은 주 3회를

해줘야 하는데 이 일도 혼자서 한다고 하니 이 또한 놀랄 일이다. 탈의한 입소자 3명을 의자에 나란히 앉히고 차례차례로 씻기고 닦은 후 3명을 한 번에 감싸 안고 욕조로 들어간다고 하니 사고가 날까도 걱정이다.

지인은 일손이 부족한 이유가 임금이 싸기 때문이기도 하지만 용변 처리를 꺼려하기 때문이라고 한다.

"뭐야, 악덕 기업이잖아요. 선전은 그럴싸하게 하더니 말이야. 사기잖아요? 가족들은 좋은 곳에 모셨다고 생각할 텐데…. 아니면 그냥 어쩔 수 없다고 생각하나?"

이렇게 말하자 지인은 이렇게 말하며 웃었다.

"가족이나 견학하겠다는 분이 오는 날에는 위에서 연락이 와요. 좋은 인상을 주도록 일하라고 말이죠."

그래서 가족이 방문하는 날에는 싱글싱글 웃으며 일한다고 한다.

이런 모습을 보고 가족들은 좋은 곳이구나 생각하고 돌아간다고 한다. 대부분의 입소자는 돌봄이 필요한 상태다. 스스로도 가족의 지원 없이는 버틸 수 없다는 것을 알기 때문에 가족에게 인상을 쓸 수 없다.

기저귀를 갈아주는 짧은 시간에 집으로 돌아가고 싶다고 말하는 분도 많다고 한다. 가족은 좋은 곳에 모셨다고 생각할지 모르지만 대부분 쓸쓸해서 차마 눈 뜨고 보기 힘들다고 한다.

집을 팔고 가재도구를 마련해서 입소한 사람도 있고 가족이 보살펴주지 않는 사람도 있다고 하니, 이런 분들은 거기서 그저 죽음을 기다리는 수밖에 달리 방도가 없다.

● **유료노인홈, 어떻게 구분하나?**

입소료가 없다는 건 매력적이지만 여기에 혹해서는 안 된다. 간병인을 자주 모집하는 곳이나 담당자가 자주 바뀌는 곳은 피해야 한다. 건물 외관이나 이용료만으로 입소를 결정하는 것은 위험하다.

지인이 일하는 유료노인홈처럼 운영이 엉망인 곳이 많지 않기를 바라지만 이 일도 사업이므로 돈벌이가 우선인 기업이 있다고 해도 놀랄 일은 아니다. 그리고 팸플릿에 적힌 이용료 외에 개호보험을 들어야 하므로 이용료가 추가로 발생하는 셈이다. 의료비도 들고 기저귀 비용도 만만치 않다. 개호보험으로 돈을 벌려는 악덕 기업도 있다고 한다. 어쨌든 한번 입소하면 개호보험을 들지 않을 수 없다.

　이제는 노인 대상 기업들이 모두 늑대처럼 보인다. 노인은 약자다. 약자의 등골을 빼먹으려고 하다니 한심하기 짝이 없다. 어딜 둘러봐도 훈훈한 이야기를 찾을 수 없으니 오래 살고 싶은 생각이 점점 더 사라질 뿐이다.

제3장

우리들의
마지막은
어떻게 될까?

○
●
급증하는 독거노인
○

일본은 이제 독거노인 시대에 접어들었다.

나는 졸저 《혼자인 노후老後ひとりぼっち》에서 홀로 긴 노후생활을 해야 하는 시대가 왔으며, 이런 시대를 맞이할 준비를 지금부터 해야 한다고 강조한 바 있다.

'혼자란 미혼자가 아니라 바로 당신'이라고 책이나 세미나에서 여러 차례 말해왔지만 기혼자, 특히 남성들의 반응은 냉담했다. 그저 남의 일로 생각하는 듯하다. 이런 반응을 볼 때마다 나는 마음속으로 웅얼거린다. '지금은 모를 거야. 아내가 먼저 죽으면 어떻게 될까?'

나도 예외는 아니지만 보통 자신이 안전하다고 생각하면 사회문제에 관심을 갖지 않기 마련이다. 결혼해서 자녀를 두고 손자손녀까지 있는 사람에게 "혼자가 될 겁니다"라고 아무리 협박해도 소용없다. 남성을 나쁘게 말하고 싶지는 않지만 특히 일본 남성은 자기 일 외에는 관심이 없다. 그래서 사회문제에 대해 의견을 교환하거나 논쟁할 만한 사람이 많지 않다. 바로 이 점이 내가 일본인으로서 느끼는 최대의 불운이다.

다시 태어나면 이야기하기 좋아하는 프랑스인으로 태어나고 싶다. 일본 남성을 생각하면 피가 거꾸로 솟기 때문에 그만하겠지만 진심으로 답답하다.

요즘 일본 매스컴은 '2025년 문제'를 자주 다룬다. 2025년에는 단카이 세대(1947~1949년생)가 75세를 넘기면서 후기 고령자가 되기 때문이다. 2017년 6월 5일 도쿄신문은 단카이 세대의 고령화 때문에 20년 후에는 사회보장비가 2015년도보다 약 7,000억 엔 증가한다고 예측했다. 고령인구의 증가로 의료나 돌봄 등의 수요가 늘 것으로 예상되기 때문이다.

이런 예측으로도 알 수 있듯이 독거노인이 거리를 가득 메울 날이 가까워지고 있다. 《혼자인 노후》에서도 반복해서 이야기했지만 '아이가 있으니까 안심', '아내보다 먼저 죽을 거니 안심'이라며 넋 놓고 있을 때가 아니다. 가혹하고 긴 노후가 당신을 기다리고 있다는 사실을 깨달아야 한다.

정년퇴직 후 한동안 가족들의 보살핌을 받다가 생을

마감하는 그런 행복한 시대는 끝났다. 어쩌면 정년퇴직 후에 근속연수보다 더 긴 삶을 살아야 할지도 모른다. 나이가 들수록 젊어지면 좋겠지만 안타깝게도 여기저기 고장 난 몸으로 죽음을 기다리며 홀로 살아야 한다.

《혼자인 노후》에서도 상세히 썼지만, 독거노인이 증가하는 배경은 단순히 미혼자가 많아져서가 아니라 주택 사정도 큰 원인 중에 하나다. 도시는 아파트 생활이 주류라서 고령자와 함께 살기에 적합하지 않다. 또 고령자 입장에서도 자녀들에게 의존하고 싶지 않기 때문에 자식과 동거를 원하지 않는다.

'부모는 자식이 돌봐야 한다'고 주장할 생각은 없다. 다만 부모가 경제적인 이유와 신체적인 이유로 혼자서 살기 어려워지면 어떻게 해야 할지 지금부터라도 부모와 자식 간에 진지하게 고민해봐야 한다.

단카이 세대가 아직은 젊지만 반드시 10년 후, 20년 후가 찾아온다. 지금은 연금을 조금이나마 받을 수 있지만 더 삭감되면 어떻게 할 것인가? 그리고 큰 병이라도 걸리면 어떻게 할 것인가?

혼자 사는 고령자가 많아지면 궁핍한 생활에 몰리는 사람도 많아질 것이다. 급기야 길거리에 나앉아 죽는 사람이 나올 수도 있다는 점을 인지해야 한다. 급변하는 세계정세 속에서 일본은 빈곤으로 치닫고 있는데 한가롭게 올림픽이나 하고 있을 때가 아니다.

여기서 화내봐야 아무 소용없지만 누가 올림픽 따위 하고 싶어 했나? 전 도쿄도지사와 슈퍼마리오로 분장까지 한 총리에게 따져 묻고 싶다. 도쿄 올림픽 때문에 일본은 빈곤의 시대를 맞이할 것이다.

○
●
'고독사'는 이상적인 죽음
○

'고독사'라는 말을 듣고 얼굴을 찌푸리지 않는 사람은 없을 것이다. 이처럼 '고독사'에 대한 이미지는 매우 나쁘다.

SSS네트워크 회원들의 대화를 들어보면 다들 약속이나 한 듯이 고독사가 주제로 자주 등장한다. 혼자 사는 사람이 많아서 아무래도 고독사가 자신의 마지막 모습일지도 모른다는 생각 때문일 것이다.

2016년 7월 8일, TV아사히의 보도에 따르면 2015년 도쿄 23구내에서 아무런 돌봄 없이 자택에서 사망한 65세 이상의 독신자는 3,116명이었다(도쿄도 감찰의무원의 조사). 이는 통계를 시작한 2003년 대비 2.1배이며 3,000명을 넘긴 건 2015년이 처음이었다.

고독사를 두려워하는 회원이 너무나 많아서 고독사를 목격해본 유품 관리인을 불러서 이야기를 들어보기로 했다. 그런데 공교롭게도 고독사를 올바르게 이해하기 위한 기획이었지만 고독사의 비참함을 새삼 깨닫는, 그래서 공포심에 부채질을 한 꼴이 되어버렸다.

혼자 사는 사람이 자택에서 죽음을 맞이할 때는 과연 어떤 모습일까? 바로 발견되지 않으면 어떻게 될까? 진지하게 메모까지 하는 회원도 있었다. 특히 모두들 송장이 언제부터 부패하는지 궁금해했다.

"여름은 송장이 부패하기 쉬우니까 사후 1주일 이내가 좋고요. 겨울이라면 1개월 내에는 발견되어야겠죠."

마치 생선을 다루는 수산시장의 업자 같은 말투여서 인간도 생선과 다름없음을 통감했다. 여름철 실내에 둔 생선이 냄새를 풍기며 썩어가는 것처럼 인간도 마찬가지일 테니 말이다.

유품 관리인은 계속 이야기를 이어갔다.

"여름철에는 부패가 진행되면서 악취를 풍겨요. 그대로 두면 파리가 꼬여서 구더기가 생기죠."

"꺄악!" 곳곳에서 비명이 새어나왔다.

"여름에는 안 죽을래. 기다렸다가 겨울에 죽을래."

"나도 겨울! 악취는 곤란해. 남들에게 피해잖아."

언제 죽을지 정할 수는 없지만 모두들 심각하게 받아

들였다. 오죽 싫으면 이런 말을 하겠는가?

그런데 두려워하는 회원들을 보니까 장난기가 발동했다.

"남들에게 피해를 주는 게 싫다고요? 지금 살아 있는 자체가 피해니까 죽은 뒤에는 굳이 신경 쓸 필요 없잖아요?"

내 말에 모두들 '그런가?'라는 표정이지만 여전히 무서워들 해서 농담 반 진담 반으로 이렇게 말해주었다.

"지금까지 혼자서 잘 살아왔잖아요. 그러니까 마지막은 아무래도 상관없지 않나요? 설마, 마지막에는 누군가가 곁에 있어줬으면 하는 거예요? 독신에게는 울어줄 가족도 없으니까 유난 떨지 말아요. 구더기가 들끓으면 어때요? 그동안 비싼 세금을 내왔으니까 나라가 처리하게 두면 되잖아요."

누구 하나 웃는 사람이 없었다. 고독사가 진심으로 무서운가 보다.

하지만 '고독사'가 그토록 두려워해야 할 죽음일까? '고독사'라는 말에서 풍기는 이미지와 비참하다는 식으로 몰고 가는 언론보도에 세뇌 당한 건 아닐까? 진정하고 냉정하게 다시 생각해보기 바란다.

장수 지옥

‘고독사’, ‘고립사’, ‘홀로 죽음’ 등 독신자의 죽음에 대한 여러 표현이 있지만 하나같이 부정적인 이미지들뿐이다.

○

◉

혼자인 사람의 마지막

○

SSS네트워크에서 활동하면서 회원들의 마지막을 많이 봐왔다. 실제로 현장에 가 본 적은 없지만 유족들에게 죽음에 이른 경위를 듣고 모임의 추도회에서 보고를 한다. 회원들이 어떻게 생을 마감했는지 알면 회원들 자신의 삶에도 참고가 되기 때문이다.

SSS네트워크는 2000년 희망하는 회원에 한해서 '홀로 사는 여성들의 비석'이라는 공동묘를 건립했다. 전체 회원 900여 명 중 절반인 약 450명이 공동묘에 계약했다.

공동묘 건립 초기에는 나도 50대였고 회원들도 50대가 중심이어서 회원들의 사망 소식이 거의 없었다. 그래서 추도회는 "이번 연도에도 다들 무고하시네요"라고 보고하고 다 함께 와인을 마시며 수다를 떠는 즐거운 자리가 되기 일쑤였다. 그러나 해가 바뀌면서 임종을 맞는 회원이 늘었고, 요즘에는 1년에 2명꼴로 사망 소식을 전하고 있다. 세월이 흐른 만큼 회원들이 고령자가 되었기 때문이다.

SSS네트워크의 회원은 독신 여성이 대부분이다. 미혼자가 60%이고 이혼 경험자가 40%다. 자녀가 있는 회원도 30% 정도 있다.

지난 17년 동안 사망한 회원은 총 28명이며, 이들 대부분은 홀로 생활해왔다. 이 가운데는 자택에서 혼자 조용히 숨을 거둔, 이른바 고독사도 4명이 있었다.

● 사례1 '폐 끼치지 않고 떠날 수 있는 행복한 죽음'

-가즈미(가명) 씨, 65세 사망, 미혼, 독신 생활

공동묘 계약자 중 첫 부고 소식은 도쿄에 거주하는 65세의 가즈미 씨로 고독사였다. 가즈미 씨는 아파트에서 혼자 살았으며, 결혼한 적이 없다. 60세 때 정년퇴직했지만 활동적이어서 등산이나 여행을 즐기느라 집을 비우는 일이 많았다. 특별히 지병도 없고 건강하게 독신 생활을 만끽했다.

가즈미 씨에게는 가끔 전화하는 사이좋은 여동생이 있다. 설 명절에는 항상 여동생의 집을 찾았다. 그런데 여동생에 따르면 2001년이 되던 해 설날에 연락이 없었다고 한다.

'설에는 꼭 연락했는데 무슨 일이지? 여행이라도 갔나? 그래도 연락은 할 텐데?' 언니 집으로 전화해봤지만 연결이 되지 않자 불안해진 여동생은 설을 지내고 며칠 후 집으로 찾아갔다. 그런데 초인종을 눌러도, 문을 두드려도 아무런 반응이 없자 경찰에 신고한 것이다. 경찰과 함께 문을 부수고 안으로 들어갔더니 가즈미 씨는 바닥에 엎드린 채 숨을 거둔 상태였다. 사후 1주일이 되던 날 발견된 것이다. 사인은 뇌출혈이었다. 넘어진 채 의식을 잃고 그대로 숨졌다.

아마도 갑작스런 죽음이었을 것이다. 마시던 와인이 테이블 위에 그대로 있었고, TV도 켜진 채였다.

나는 여동생에게 경위를 들으면서 고독사야말로 이상적인 죽음이라고 생각했다. 죽음의 공포도 느끼지 못하고 일상생활 중에 홀연히 떠날 수 있다니, 참으로 깔끔하지 않은가?

가즈미 씨가 이처럼 멋진 고독사가 가능했던 것은 동거인이 없었기 때문이다. 만약 가족과 함께 살았다면 모두가 아연실색하며 구급차를 부르고 병원에 실려 갔을 것이다. 그리고 수술을 받거나 연명치료를 받았을지 모른다. 여동생 가족이 의사에게 언니의 목숨만이라도 살려달라고 애원했을지도 모른다.

나는 혼자 살아서 그리고 가족이 없어서 다행이라고 생각했다. 부럽다는 생각까지 했다. 65세에 맞은 죽음이 다소 빠를지는 모르겠지만 30대도 아니니 인생의 가치를 양보다 질에 둔다면 충분한 나이가 아닌가 생각한다. 고독사는 남에게 폐를 끼치지 않고 떠날 수 있다는 점에서 행복한 죽음이다.

● 사례2 '본인도 놀랐을 돌연사'

-유리코(가명) 씨, 65세 사망, 미혼, 독신 생활

도쿄의 한 아파트에 살던 유리코 씨는 2012년에 65세로 고독사했다. 나는 유리코 씨의 사망 소식을 SSS네트워크에서 알게 된 지인의 전화로 전해 들었다.

신문이 쌓여 있고 형광등이 계속 켜져 있는 걸 보고 이상하게 여긴 아파트 이웃 주민이 경찰에 신고를 했고, 출동한 경찰이 강제로 문을 열고 들어가 보니 방에 사망한 유리코 씨가 있었다.

경찰이 유리코 씨의 휴대전화 목록에 있던 지인에게 고인의 친족 여부와 병원에 다닌 이력 등을 물어봤다고 한다. 그래서 지인은 SSS네트워크 사무국으로 문의를 했던 것이다.

그런데 유리코 씨는 공동묘 계약자가 아니라서 긴급 연락처 같은 정보가 없었다. 가지고 있던 정보는 무직, 미혼, 독신 생활이 전부였다.

지인의 이야기에 따르면 1개월 전 SSS네트워크 이벤트에 함께 참석했다가 돌아가는 길에 카페에서 차를 마시며 고독사는 끔찍하다는 이야기를 나누고 헤어졌다고 한다.

본인도 놀랐을 돌연사다. 하지만 가즈미 씨와 마찬가지로 유리코 씨도 남에게 폐를 끼치지 않고 생을 마감할 수 있었다. 저세상으로 떠난 유리코 씨가 본인의 죽음을 본다면 어떻게 생각할까? 평소 두려워했던 고독사와는 많이 다른 모습이라고 생각하지 않을까?

● 사례3 '현관 앞에 쓰러져 있었다'

-도모코(가명) 씨, 84세 사망, 독신 생활

도모코 씨는 1922년 도쿄의 변두리에서 태어나 자랐다. 부모를 먼저 보내고 단독주택에서 혼자 생활했는데 태어나서 자란 곳이라 주변에 아는 이웃이 많았다.

2007년 10월 어느 날, 그녀의 집 현관문이 반쯤 열려 있는 걸 이상하게 여긴 이웃 주민이 들여다보다 현관 앞에 쓰러져 있는 도모코 씨를 발견했다. 뇌경색이었다. 발견 당시 의식이 남아 있어 급히 병원으로 이송했지만 2개월 후 사망했다.

고독사는 아니었지만 이웃과 왕래가 있었기에 발견할 수 있었던 사례다. 만약 아파트처럼 내부 사정을 알기 어려운 곳에 살았다면 어땠을까? 아마 쓰러진 채 죽었을 것이다.

몇몇의 사례를 보고 무슨 생각이 드는가? 고독사는 비참하다? 고독사는 무섭다? 사람을 멀리하고 문을 걸어둔 채 사는 사람은 별개지만 일반적인 인간관계를 유지한다면 혼자 살아도 부패할 때까지 발견되지 않는 경우는 드물다.

개인적으로는 고독사야말로 이상적인 죽음이라고 생각한다. 왜냐하면 죽음이 일상생활의 연장선상에 있기 때문이다. 고독사는 죽음의 공포를 의식하지 않고 생활하다가 홀연히 저세상으로 떠날 수 있다. 한편으로 생각하면 굉장히 자연스러운 죽음인 것이다. 게다가 쓰러져도 구급차를 부를 사람이 없기 때문에 아무에게도 폐를 끼치지 않고 이 세상을 떠날 수 있다. 이런 죽음이야말로 진정 행복한 죽음이 아닐까?

지금도 누군가의 보살핌을 받으며 죽을 날만 기다리는 사람이 있을 텐데, 죽음이야말로 혼자 맞는 게 이상적이다. 어차피 죽을 거라면 나는 조용히 떠나고 싶다. 병원으로 실려 가서 온갖 검사와 치료를 받다가 고생하며 떠날까 봐 두렵다.

가족을 나쁘게 말할 생각은 없지만(이러면서 나쁘게 말하고 있지만) 가족의 사랑도 좋은 점이 있고 나쁜 점이 있다. 2장에서도 말했지만, 가족을 주의해야 한다. 왜냐하면 참견이 많기 때문이다. 친구라면 어느 정도 거리를 둘 수 있지만 가족은 아무렇지도 않게 개인의 영역까지 침범하여 사랑이라는 이름으로 싫다는 일도 거리낌 없이 한다. 개인을 존중하지 않는 가족이 많다. 독신으로 힘들었던 30대 때, 존경하던 분에게서 이런 말을 들은 적이 있다.

"넌 곱게 자랐구나. 독신이 얼마나 멋진지 아직 몰라.

부모형제와 함께 살면 고생이야. 어쩌면 아무도 없는 천애고아가 행복할지도 몰라."

그 당시는 무슨 말인지 몰랐지만 70세가 된 지금 생각해보면 절로 고개가 끄덕여진다.

○

●

'굶어 죽게 내버려둔' 유료노인홈

○

'굶어 죽었다'는 말을 들으면 어떤 기분이 드는가? 누구나 깜짝 놀랄 것이다. 복지 전문가인 지인이 "굶어 죽게 내버려둔 유료노인홈이 있어요"라고 해서 귀를 의심했다.

"굶어 죽었다고요? 유료노인홈에서요?"

도대체 그 안에서 무슨 일이 있었던 걸까? 한동안 머리가 멍했다.

예전에 신문에서 '고령의 자매가 굶어 죽었다'라는 기사를 보고 충격을 받은 적이 있다. 당시 기사에 따르면, 자매가 살던 집에 가스와 전기가 끊기고, 먹을 것도 없어서 굶어 죽었다고 한다. 그렇게 궁핍했다면 생활보호 신청을 할 수도 있었을 텐데 두 사람은 외부에 도움을 청하지 않았다.

이 사건을 떠올릴 때마다 어쩌면 두 사람이 스스로

굶어 죽기를 선택했을지도 모른다는 생각이 들었다. 본인밖에 모르는 일을 추정한다는 게 실례일지는 모르지만, 나는 자매의 심정을 알 것 같다. 어쩌면 늙어가면서 살아갈 희망을 잃었을지도 모른다.

어쨌든 이런 기억도 있고 해서 굶어 죽게 내버려뒀다는 유료노인홈이 있다는 말에 너무나 궁금해졌다. 지금까지 수많은 유료노인홈을 봐왔는데, 정말로 가지가지다. 건물 외관은 비슷해도 경영자의 이념에 따라 노인을 내하는 방식은 하늘과 땅 차이다. 내가 시설을 평가할 때 가장 중요하게 생각하는 것은 건물이나 시설의 겉모습이 아니라 '이용자를 최우선시하는 이념이 있느냐'이다.

지난 2015년에 둘러본 네덜란드의 고령자 주택과 시설들은 일본과 달리 이용자의 희망을 최우선시했다. 직원은 그것을 지원하고 보조하는 역할을 할 뿐이다.

예를 들어 고양이를 무조건 네 마리 키우고 싶다는 이용자가 있다면 어떻게 할까? 일본이라면 타인에 민폐라고 하거나 위생상의 문제를 들어 처음부터 'No'라고 하겠지만 네덜란드에서는 그 사람이 왜 고양이를 키우고 싶어 하는지 충분한 시간을 가지고 이야기를 듣는다. 그리고 정말로 네 마리가 필요한지, 한 마리로는 부족한지 본인이 납득할 때까지 서로 이야기를 나눈다. 이런 과정을 거치면서 이용자가 본심을 이야기할 수 있도록 유도한다.

아침부터 술을 마시고 싶다는 이용자도 있다고 한다. 일본에서는 규정 때문에 'No'라고 한마디로 일축하지만 네덜란드에서는 'Yes'다. 술로 생명이 단축된다고 해도 이용자의 행복이 우선이다. 그래서 네덜란드의 시설에는 규칙이 없다. 일본은 뭐든지 '규칙, 규칙, 규칙'이다. 모든 일은 관리하는 쪽이 편리하게 정하고 이용자는 값비싼 이용료를 지불하면서도 눈치를 보며 지낼 수밖에 없다.

누가 일본인은 참을성이 많다고 했는가? 누가 일본인은 윗사람이 시키는 대로 움직인다고 했는가? 일본이 복지 후진국인가? 아니면 극단적인 관리사회인가? 죽을 때까지 관리 받아야 하다니! 나는 그렇게 살고 싶지 않다.

내가 방문한 곳은 14년 전 도쿄 가쓰시카구에 생긴 '호시니네가이오(星にねがいを, '별에 소원을'이라는 뜻―옮긴이)'라는 이름의 유료노인홈이다. 이름도 예사롭지 않다. 이곳은 주식회사 선하트의 대표이사인 미우라 마스미三浦眞澄 씨가 설립한 노인 시설 중 하나다. 미우라 씨를 만나 보니 뭔

가 자유로운 분위기를 느낄 수 있었다.

가쓰시카구에서 태어난 미우라 씨는 자신이 태어난 동네의 고령자를 위해서 복지시설을 설립해 지역 고용에도 공헌하고 있다. 1998년에 처음으로 돌봄 서비스를 제공하는 유료노인홈인 '코스모스コスモス'를 시작으로 지금은 그룹 홈(グループホーム, 치매 고령자를 위한 공동생활 돌봄 시설―옮긴이), 데이서비스, 소규모 다기능형 거택개호(小規模多機能型居宅介護, 이용자의 자립생활을 지원하기 위해 당일 시설 이용이나 단기간 숙박, 자택 방문을 선택할 수 있는 돌봄 서비스―옮긴이) 등을 20군데 이상 운영하는 지역 복지사업의 선구자다.

미우라 씨의 운영 방침은 한마디로 '이용자 라이프스타일 존중'이다. 앞서 소개한 네덜란드의 방식과 비슷하다는 느낌을 받았다. 연명치료에 대한 미우라 씨의 생각을 들어봤다.

"여기서는 자연스럽게 죽음을 맞을 수 있도록 도우려고 해요. 그래서 연명치료는 가능한 한 하지 않지만 그리 간단한 문제는 아니에요. 본인이 연명치료를 거부했다고 해도 의식이 없으면 결국은 선택권이 가족들에게 넘어가요. 안타깝지만 우리는 달리 방도가 없어요. 아무튼 가족이 어떤 선택을 하든 어르신들이 그동안 살아온 삶의 방식에 따라 마지막 모습이 결정됐으려니 생각하고 받아들일 수밖에 없죠."

지금까지 그의 시설에서 죽음을 맞은 사람은 약 3,000명이며 대부분 시설에서 임종을 지켜봤다. 다시 말해 자연사였다.

시설마다 다르지만 이용자의 죽음이 임박해지면 구급차를 불러 병원으로 이송시켜 병원에서 사망하는 경우가 많다. 왜냐하면 자택이나 시설에서 운명하면 경찰에서 변사자로 처리되어 검시나 검안을 해야 하므로 시설 입장에서는 귀찮기 때문이다.

그러나 미우라 씨의 시설은 다르다. 시설이 이용자의 집이라는 사고방식이다. 이용자가 집에서 죽고 싶다면 당연히 집에서 마지막을 준비해야 한다. 다만 죽음을 가까이서 경험해보지 못한 젊은 직원에게는 충격일 수 있고, 이를 극복하지 못하는 사람도 있다.

아무래도 요즘 젊은이나 아이들은 죽음이 크게 와닿지 않을 것이다. 미우라 씨의 시설에서는 이용자가 사망하면 인접 보육원의 아이들도 추도식에 참가할 수 있도록 개방한다. 죽음이 일상생활의 일부임을 아이들에게도 체험시키기 위해서다.

그럼 이 시설에서 굶어 죽게 내버려뒀다는 분의 이야기로 돌아가자. 미우라 씨의 저서 《마지막 - 즐겁고 멋지게 늙어감을 축복한다入り舞＝楽しく素敵に老いを寿ぐ》와 취재를 바탕으로 정리해보았다.

가토 마코토(가명) 씨는 입소 후 2년 하고 3개월째가 되던 날, 75세의 나이로 아사餓死, 즉 굶어 죽었다.

마코토 씨는 도쿄로 상경해서 장거리 트럭 운전수로 운송회사에서 근무했다. 그는 사장의 배려로 70세기 넘도록 사택에 머물 수 있었다. 하지만 사장이 바뀌면서 쫓겨나게 되자 그를 안타깝게 생각한 회사 담당자가 구청과 상담해서 미우라 씨의 시설을 추천 받았다. 유료노인홈이었지만 넉넉하게 저축해 둔 덕에 문제는 없었다.

독신인 마코토 씨는 가족과도 소원해 조용히 혼자서 신문 보는 것을 즐겼으며, 시설에서도 새로운 인간관계를 만들려고 애쓰지 않았다. 입소 후 얼마 동안은 정기적인 의료도 받으며 남다르지 않게 보냈지만 어느 날 갑자기 식사를 거부하기 시작했다. 갑작스러운 상황에 곤혹스러워진 직원들이 어디 아픈 곳은 없는지 살펴봤지만 병에 걸린 것 같지는 않았다. 마코토 씨는 고집스럽고 신념이 강했던 터라 아마도 죽음을 결심했던 모양이다.

식사를 일절 거부하고 수액 주사도 거부했다. 평소 그는 이렇게 말했다고 한다. "더 살 의미가 없어. 거동도 점점 불편하고. 남들에게 폐가 되고 싶지 않아. 죽기로 했으니까 내버려둬."

미우라 씨가 직접 애원을 하고 병원에 모시고 가도 잠시 한눈파는 사이에 수액 주사 바늘을 뽑아버렸다. 그래서 병원 측도 두 손 두 발 다 들었다. 다만 신기하게도 식사를 전혀 하지 않았지만 나름 건강해 보였다고 한다.

직원들은 조금이라도 음식을 드시길 강권했지만, 그럴 때마다 마코토 씨는 "내 인생은 내가 선택해!"라며 울면서 온몸으로 자신의 심정을 토로했다. 그러고는 드디어 물도 입에 대지 않았다.

미우라 씨는 고민스러웠다. 어떻게 해야 할지 혼란스러웠다. 본인의 뜻을 따라야 할지 아니면 억지로라도 식사를 하게 해야 할지 판단이 서지 않았다. 무엇보다 왜 그렇게 죽기를 바라는지 알 수 없었다.

그렇게 먹기를 거부하고 물도 입에 대지 않던 어느 날 밤, 마코토 씨는 자신이 바라던 대로 조용히 숨을 거뒀다. 그의 침대 한편에는 직원이 가져다 둔 물잔이 있었다. 삶의 의미를 고민하다가 스스로 결정한 죽음이었다.

장수 지옥

시설 측은 입장이 매우 곤란했을 것이다. 어디까지 본인의 의사를 존중해야 할까? 나중에 친척이라도 나타나서 시설이 굶겨 죽였다고 난동을 피울 수도 있는 문제였다. 어쨌든 마코토 씨는 비판을 두려워하지 않고 자신의 마음을 헤아려준 시설 측이 고마웠을 것이다. 말하기는 쉽지만 실천하기는 어려운 법이다.

"사람의 마지막 모습은 그 사람의 삶을 반영해요." 미우라 씨의 말이다. 시설의 이해와 협력 그리고 사랑이 없으면 불가능한 일이다.

일본의 시설을 비판해온 내가 미우라 씨의 이야기를 듣고는 쥐구멍이라도 찾고 싶은 심정이었다. 일본에도 개인을 존중하고 신념에 따라 운영하는 시설이 존재한다.

○

🔘

집에서 혼자 죽음을 맞을 수 있을까?

○

 방문 진찰을 하는 의사와 동행해 11군데 가정을 돌며 취재를 한 적이 있다. 내가 혼자 살아서 그런지 방문 진찰을 받는 환자는 주로 혼자 생활하는 사람일 것이라 예상했지만 가족이 있는 80대 이상의 고령자가 대부분이었다. 가벼운 치매 증상을 보이는 분이 많았고 완전히 혼자 사는 분은 한 명뿐이었다.

 독거노인이 많다고 하지만 아직 일본에서는 완전히 혼자 살며 왕진을 받다가 자택에서 죽음을 맞는 노인이 그렇게 많지는 않은 모양이다. 하지만 단카이 세대가 75세를 넘기는 2025년 이후에는 아무래도 상황이 달라질 것이다.

 아직은 독거노인 수가 적어서 행정력이 미치고 있지만 '독신 고령자 사회'가 도래하면 어떻게 될지 장담할 수 없다. 상상만 해도 골치 아프다. 재택 독신 고령자 난민이 거리를 가득 메울 날이 다가오고 있다.

혼자 사는 사람은 독신답게 안주할 곳을 바라지 말고 '혼자인 삶'을 각오해야 한다는 미학을 가진 나는 어떻게 될까? 건강한 채 홀연히 죽으면 좋겠지만 뇌경색이나 치매가 생기면 미학을 따지고 있을 여유가 없다. 다리가 불편해서 화장실에 혼자 갈 수 없는 지경이 돼도 혼자 집에서 버티겠는가? 노화는 경험해보지 못한 미지와의 조우다.

동행한 의사는 혼자 살아도 집에서 죽음을 맞이할 수 있다고 하지만 나는 아무래도 힘들 거라는 생각이 든다. 내가 80대 중반이 되는 15년 후에는 재택 케어 시스템이 전국에 구축될지도 모른다. 어쩌면 방문 진료 차량을 택시만큼이나 자주 보는 세상이 될 수도 있다. 하지만 지금의 정치가들을 떠올리면 아무리 생각해봐도 일본의 복지 미래는 암울하다.

방문의와 동행해보니 환자들이 의사를 얼마나 기다리는지 알 수 있었다. 대부분의 환자가 "안녕하세요"라며 밝은 얼굴로 맞아주었고, 간병인(대부분 아내나 남편)의 얼굴도 덩달아 밝아졌다. 환자의 아내(나 남편)는 방문의를 붙들고 "나는 이 사람 보내고 나면 유료노인홈으로 갈 거예요"

라며 슬그머니 팸플릿을 펼쳐 보여주기도 한다.

방문의는 이야기를 들어주는 역할도 한다. 방문의는 혈압, 맥박, 산소량을 확인하고 지난 진료 때와 달라진 점이 있는지 묻는다. 긴급한 일이 생기면 언제든 연락하라는 말도 잊지 않는다.

자신을 살펴봐주는 사람이 있다고 생각하면 안심이 된다. 환자는 물론이고 돌보는 사람도 안심된다. 다만 환자와 간병인이 모두 80세를 넘긴 고령자라서 누가 먼저 쓰러진다고 해도 이상할 게 없다. 내가 방문한 곳은 비교적 양호한 환자가 대부분이었지만 시간이 지날수록 '노노개호'가 많아질 수밖에 없다.

조만간 88세가 90세를, 90세가 95세를, 95세가 100세를 돌봐야 하는 날이 올 것이다. 자기 일만 신경 쓰면 그뿐인 독신자와 달리 반려자가 있다면 둘 다 돌봄이 필요한 상황이 생길 수도 있다.

지금은 가족의 구세주인 특별양호노인홈도 장수 사회에 돌입하는 2025년 이후에는 100세 이상이 아니면 신청조차 할 수 없는 상황이 올지도 모른다.

방문의가 애쓰는 모습을 보고 있자니 나라가 재택개호를 선호한다면 이와 관련된 의사나 간호사에게 충분한 보상을 해야 한다는 생각이 먼저 들었다. 정부는 개인의 열의나 선의에만 의존하지 말고 적극적으로 개입해야 할 것이다.

일본 정부는 특별양호노인홈 등과 같은 생의 마지막을 보낼 수 있는 시설은 늘리지 않고 재택개호를 추천한다. 아무리 좋게 보려고 해도 의료비 삭감을 위해 간병을 가족에게 떠맡기고 있다는 생각을 지울 수 없다.

네덜란드와 달리 일본 정부는 국민 개개인의 행복은 안중에 없다. 하지만 이는 정부의 예산 집행에 무관심한 국민들의 잘못이기도 하다. 세금을 복지가 아닌 건설 사업에만 써도 군말 없는 우리들도 책임이 있다. 언론도 매번 상황이 종료된 후에나 보도하니 어처구니가 없다. '이렇게 중요한 일이 언제 정해졌지?', '도대체 누가 정한 거야?' 정해지고 나서 불만을 토로해봐야 이미 늦다.

일반 국민이 신문이나 TV의 보도가 아니면 어떻게 이런 중대한 사안을 알 수 있단 말인가? 이런 이야기를 하고 있으려니 또 혈압이 오르지만 여기서라도 따져 묻지 않을 수 없다. 정부는 마지막을 보낼 곳으로 유료노인홈 같은 시설을 선택할 수 있는 국민이 극소수에 불과하다는 사실을 알아야 한다.

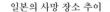

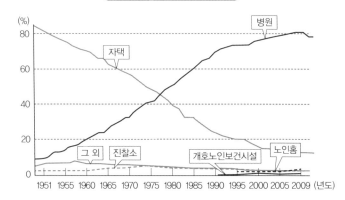

일본의 사망 장소 추이

※1994년까지 노인홈에서의 사망은 자택에 포함되었다.
출처: 후생노동성 '인구동태조사'

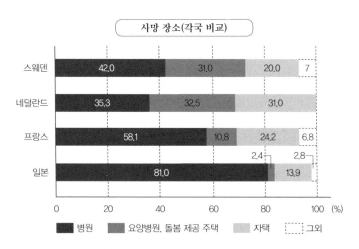

사망 장소(각국 비교)

※각국과의 비교를 위해 일본 데이터는 2000년 시점의 데이터를 사용
출처: 의료경제연구기구 '개호도 고령자의 임종기 의료에 관한 연구보고서'

장수 지옥

고령자 대부분은 집에서 죽음을 맞이하는데, 이에 비해 방문의의 수는 부족한 실정이다. 데이서비스 차량은 자주 눈에 띄지만 방문의 차량은 본 적이 없다. 누구나 알 수 있도록 차량에 스티커를 붙이는 건 어떨까? 이 정도만 해도 주민들의 의식이 달라질 거라고 생각한다.

분명 살아 있다는 건 멋진 일이지만 진심으로 기뻐할 수만은 없다. 장수가 더 이상 행복이 아닌 세상이다.

제4장

안락사는
안 되나요?

네덜란드 안락사협회를 방문하다

○
◉
'나는 안락사로 떠나고 싶다'
○

일본의 유명 극본가인 하시다 스가코橋田壽賀子 씨는 91
세 때 월간지 《문예춘추文芸春秋》 2016년 12월호를 통해
'나는 안락사로 떠나고 싶다'라고 밝혀서 큰 사회적 반향
을 일으켰다. 나는 이 글을 접하는 순간 속으로 쾌재를
외쳤다. '바로 이거야. 속이 다 시원하군!'

일본인은 죽을 때가 되어서야 본심을 말하는 성향이
있다. 안락사를 하고 싶어도 주변의 눈치를 보느라 말하
지 못한 사람들도 많을 테니 하시다 씨의 발언을 계기로
안락사 논의가 활발해졌으면 좋겠다.

하시다 씨의 글을 인용하면 다음과 같다.

나는 여든을 넘기면서 혹시 치매에 걸리면 안락사를 하고 싶
다고 생각했어요. 27년 전에 방송 일을 하던 남편을 먼저 보
내면서 자식도 없고 친척 간 왕래도 없어서 그야말로 혼자가

되었죠. 남들에게 폐가 되고 싶지 않기 때문에 정신이 온전한 동안에만 살고 싶어요. 아무것도 인지할 수 없고, 사는 즐거움이 사라진 후까지 살고 싶지는 않아요.

어떻게 하면 좋을지 고민하다가 스마트폰으로 여러 가지 사실을 알게 되었어요. 스위스에는 70만 엔을 주면 안락사를 시켜주는 단체가 있다고 하더군요.

일본에서는 안락사를 인정받지 않지만 스위스 외에 네덜란드, 벨기에, 룩셈부르크 등 유럽 국가나 미국의 뉴멕시코, 캘리포니아, 워싱턴, 오레곤, 몬타나, 바몬드 등 6개 주에서는 인정받는다고 해요. 이들 나라나 주에는 안락사를 해주는 단체가 있어요.

하시다 씨는 스스로 판단할 수 있느냐가 안락사 여부를 판정하는 중요한 조건이라며, 안락사를 쉽게 인정받을 수는 없겠지만 스위스에 가볼 생각이 있다고 한다.

아니나 다를까 하시다 씨의 발언은 예상대로 큰 반향을 일으켰다.

정신과 상담 전문인 에하라 히로유키江原啓之 씨는 '전쟁에서 살아남은 선생이 안락사로 떠나고 싶다고 해서는 안 된다'며 맹렬히 비난했다. 관련 기사를 《여성세븐女性セブン》 2017년 1월 1일호를 통해 읽었는데, 실례일지 모르지만 에하라 씨는 저명한 사람이긴 하지만 아직 젊은 52

세로 노인의 마음을 잘 이해하지 못하는 것 같다.

나는 솔직히 80세가 된 자신을 상상하면 두려울 때가 있다. 이 글을 쓰는 이유도 늙는다는 두려움 때문이다. 나이와 상관없이 인생을 깊게 이해하는 사람도 있지만 큰 병을 앓아본 적이 없는 사람은 시한부 삶을 사는 사람의 마음을 알지 못하듯이 언제 죽을지 모르는 나이가 아니면 노인의 기분을 헤아리기 힘들다.

지금까지 일본에서는 장수가 행복이라고 생각해왔다. 그러나 초고령사회를 맞이한 오늘날, '과연 오래 사는 것이 행복일까'라는 의문을 떨쳐버릴 수가 없다. 장수는 아름다운 말이지만 늙음이 오래 지속된다는 의미이기도 하다. 즉 힘든 시간을 오래 보내야 한다. 그럼에도 억지로 오래 사는 게 의미 있을까?

하시다 씨의 안락사 발언이 큰 반향을 일으켰던 이유는 많은 사람들이 '고생하면서까지 오래 살고 싶지 않다'고 생각하기 때문이리라. 다만 오늘날 일본에서는 안타깝게도 '안락사'라는 단어에만 주목하고 본연의 의미를 깨닫지 못하는 사람이 많은 듯하다. 여기서 다시 한 번 안락사와 존엄사의 차이를 설명하겠다.

장수 지옥

● 안락사

더 이상 희망이 없는 환자를 본인의 희망에 따라 고통이 적은 인위적인 방법으로 죽음에 이르게 하는 것《고지엔広辞苑》참조).

이 글을 시작하면서 언급했던 것처럼, 안락사는 '적극적 안락사'와 '소극적 안락사'로 나눌 수 있다. 우리들이 흔히 말하는 '안락사'는 '적극적 안락사'에 해당한다.

'적극적 안락사'란 환자 본인의 자발적 의사에 근거하여 스스로 약물을 이용해 죽음에 이르는 행위, 또는 환자 본인의 자발적 의사에 근거하여 타인(일반적으로 의사)이 환자의 자살을 고의로 방조해서 죽음에 이르게 하는 것을 말한다('위키피디아 일본어판' 참조).

● 존엄사

존엄사란 과도한 연명치료를 하지 않고 인간의 존엄을 유지하며 목숨을 끊는 행위를 말한다(《치에조知恵蔵》참조).

네덜란드 안락사협회를 방문하다

2015년 6월, 평소 안락사에 대해 남달리 관심이 많았던 나는 고령자 주택 시찰단의 일원으로 네덜란드의 안락사협회를 방문했다. 당시 네덜란드 방문은 일본의 복지를 비롯해서 인간의 행복에 대해 다시 생각하는 계기가 되었고, 개인적으로도 사생관이 크게 바뀌는 귀중한 경험이었다.

암스테르담은 그림엽서에서나 볼 수 있을 법한 아름다운 도시였다. 안락사협회는 운하를 따라 17세기 분위기가 물씬 풍기는 벽돌 건물들이 늘어선 곳의 2층에 위치하고 있었다.

건물 안으로 들어서자 유리로 되어 있어 내부가 훤히 보이는 사무 공간이 나타났다. 이곳이 바로 안락사협회의 주요 업무가 이루어지는 곳이라고 생각하니 가슴이 뛰었다. 컴퓨터 앞에서 전화를 받는 중년 여성이 보였는데 전체 인력은 20명 정도고, 120여 명의 자원봉사자가 교대로 안락사 상담을 지원한다고 한다.

참고로 네덜란드에서는 안락사협회뿐만 아니라 복지시설이 자원봉사자들로 이루어져 있는 경우가 많다. 게다가 전직 변호사, 전직 간호사, 전직 의사, 전직 대학교수 등 은퇴한 전문가가 활약하고 있다. 여담이지만 네덜란드는 자원봉사의 나라라고 불릴 만큼 국민의 봉사 의식이 남다르며 어릴 때부터 몸에 익도록 가르친다.

이날 우리를 안내하고 설명해준 분은 대학에서 형법을 가르치다 은퇴한 일렘슨이라는 여성이었다. 네덜란드에서는 퇴직자가 자원봉사를 하며 자신의 능력을 발휘하는 분위기가 정착되어 있어서 그런지 그녀는 일본의 자원봉사자와는 사뭇 다른 활기찬 인상을 풍겼다.

○
◉
30년 걸린 안락사 법안
○

매춘을 허용하는 나라 네덜란드. 자유의 나라 네덜란드. 안락사가 가능한 나라 네덜란드. 내게 네덜란드는 세계에서 가장 앞서가는 나라다. 그래서 내게 네덜란드는 튤립도 풍차도 아닌 안락사가 가능한 나라다.

불치병으로 시한부 삶을 살 때, 몸도 마음도 한계를 느낄 때, 자살이 아니라 '안락사'라는 방법을 선택할 수 있다면 인생이 얼마나 즐거울까? 이것이 내가 가진 안락사의 개념이었다.

다른 사람들도 이러지도 저러지도 못하는 상황이 오면 편안히 죽기 바라는 마음이 생길 것이라고 평소에 생각하고 있었다. 그런데 안락사협회의 일렘슨 씨는 안락사를 올바르게 이해해야 한다고 강조했다. 네덜란드에서도 안락사 법안이 오랜 연구와 논의를 거쳐서 힘들게 탄생했다고 하니 경솔하게 생각했던 나 자신이 부끄러웠다.

네덜란드에서 안락사법은 2001년에 성립되었다. 그런데 놀랍게도 합법화 이전부터 안락사는 이루어졌다고 한다. 안락사 법제화는 1973년에 일어난 한 사건이 계기였다.

1973년 네덜란드에서는 홈닥터가 자신의 어머니를 살해한 사건이 사회적으로 큰 반향을 불러일으켰다. 경찰에 따르면, 홈닥터였던 포스토머 씨가 수차례 자살을 기도해온 반신불수 어머니의 부탁을 받고 모르핀을 투여해 안락사를 도왔다고 한다.

경찰은 포스토머 씨를 촉탁살인 혐의로 체포했다. 그런데 마을 사람들이 그녀의 규명 운동에 나섰고 그 결과 집행유예 1년, 금고 1주일 형으로 형량이 줄었다. 당시 네덜란드에서는 안락사가 이미 횡행하고 있었음에도 사회적인 이슈가 된 이유는 홈닥터가 딸이었다는 점과 안락사를 시킨 뒤에 경찰에 자수했다는 이유 때문이었다.

그리고 이 일이 있고 11년 후인 1984년에 마찬가지로 홈닥터인 스혼헤임 씨가 95세 노인의 안락사를 도운 일이 일어났다. 이 사건은 1심 재판에서 범죄의 구성요건에 해당하지만 위법성이 없다는 판결이 내려졌고, 그는 무죄판결을 받았다. 이에 검찰이 상고하였으나 고등법원은 '유죄지만 형벌은 내리지 않는다'고 결정했다. 이후 대법원에서 '고등법원으로 돌려보낸다'는 판결을 내렸고, 고등법원은 최종적으로 지방법원의 판결을 답습하여 무죄가 확정되었다.

네덜란드는 이 판결을 계기로 안락사 논의가 활발해졌고 안락사를 본격적으로 조사하기에 이르렀다. 그런데 이 조사 작업은 자그마치 10년이나 걸렸다고 한다. 특히 안락사를 시행하게 될 홈닥터에게 설문조사를 하고 의견을 청취하는 등의 논의를 반복했다.

네덜란드는 일본과 달리 개인 전속 의사인 홈닥터 제도가 정착되어 있다. 그래서 시민의 건강상태는 전속 홈닥터가 가장 잘 알고 있고 실제로 안락사를 시행해본 경험자도 많다.

다만 어느 나라나 마찬가지지만 법안을 만들려면 정치 논리가 개입한다. 1980년대 네덜란드는 기독교인이 70%였고, 정부 구성원들도 마찬가지였다. 기독교의 입장에서 인간은 신의 피조물이기 때문에 어떤 이유에서든 목숨을 빼앗으면 안 된다. 그래서 안락사 법안은 정권이 바뀌는 2000년까지 표류했다. 그러다가 2002년 정권이 교체되자 네덜란드 의회는 법안을 통과시켰다. 네덜란드의 안락사 법안 성립은 1973년 포스토머 사건부터 시작해서 30년이라는 세월이 걸린 셈이다.

● **안락사 결정**

네덜란드에서 안락사 조건은 우리가 생각하는 것 이상으로 매우 엄격하다. 안락사를 인정받으려면 다음과 같은 조건을 만족해야 한다.

1. 본인의 생명이 위독한 상태일 것
말기 암 등으로 목숨이 얼마 남지 않았다고 판단되면 가능하지만 초기 암은 인정받을 수 없다.

2. 타살일 것
타살이라고 하니 좀 그렇지만 스스로 목숨을 끊어서는 안 되고 의사가 안락사를 시행해야 한다.

3. 이유가 있을 것
죽음을 선택해야 하는 명백한 이유가 있어야 한다. 이에 대해서는 의사와 충분한 논의를 거친다. 게다가 담당 홈닥터뿐만 아니라 본인과 친분이 없는 제3자 의사의 의견도 듣는다. 그리고 죽음이 유일한 선택지인지 반복해서 확인한다. 홈닥터가 다른 방법이 있다고 판단하면 그 내용을 본인에게 전달할 의무가 있다.

4. 자기 의사일 것
가족의 요청으로는 접수가 불가능하다. 반드시 본인 의사가 필요하다.

안락사가 결정된다고 해도 곧바로 시행되는 것은 아니다. 의사는 안락사 결정에 대한 보고서를 제출할 의무가 있으며 보고서는 위원회(법률가, 의료윤리 전문가, 정신과 의사)가 체크한다. 여기서 법률적으로 확인을 받아야 안락사가 비로소 인정된다.

말하자면 아무리 죽고 싶을 정도로 삶이 힘들다 해도 안락사를 쉽게 인정받을 수 없다. 나는 안락사만 가능하다면 비참한 자살을 선택할 필요가 없겠다고 가볍게 생각했는데, 제대로 된 착각이었다. 그 증거로 네덜란드의 자살자 수는 매년 1,800~2,000명 수준으로 증가 추세라고 안락사협회의 일렘슨 씨가 일러주었다.

참고로 일본의 자살자 수는 2003년에 3만 4,427명으로 최고치를 기록했으며, 2009년 이후는 감소 추세로 2016년에는 2만 1,897명이었다.

네덜란드의 안락사 실태

네덜란드 안락사협회가 제공한 2013년 안락사 실태를 살펴보자.

안락사 수 4,829명(2013년)

질병		
	암	3,588명
	심장질환	223명
	신경계질환	294명
	호흡장애	174명
	치매	97명
	정신병	42명
	그 외	160명
	복수질환	251명

안락사 방법(2013년)

	주사	4,501명
	내복약	286명
	주사와 내복약	42명

안락사 시행자(2013년)

홈닥터	4,281명
병원 전문의	213명
노인병 전문의	193명
인턴(노인병 전문의 참관)	13명
기타 전문의	129명

대부분 홈닥터에 의해 자택에서 안락사를 시행했다.

안락사협회를 방문한 후 며칠 뒤에 30대 여성 홈닥터를 취재했는데 "어제도 안락사를 했어요"라며 천연덕스럽게 말해서 놀랐다. 그녀는 지금까지 주사를 이용해서 6명에게 안락사를 시행했다고 말했다. 주로 주사를 사용하는 이유에 대해서는 확실하기 때문이라고 답했다. 내복약은 효과가 불안정해서 100%는 아니라고 한다.

일반적으로 안락사는 자택에서 이루어지는데, 보통 본인이 누운 침대 주변에 가족이나 지인들이 모여서 와인잔을 들고 '건배'를 외친다고 한다. 생을 마감하는 자리가 이처럼 정겹고 따뜻한 분위기라니 정말 부럽기만 하다.

네덜란드에서는 안락사를 '에우타나시아Euthanasia'라고 한다. 그리스어로 '좋다'라는 의미인 '에우eu'와 '죽음'을 의

나라	스위스, 네덜란드, 벨기에, 룩셈부르크(이상 유럽)
지역	오레곤주, 워싱턴주, 버몬트주, 뉴멕시코주, 몬타나주, 캘리포니아주(이상 미국), 퀘백주(캐나다)

미하는 '타나토스thanatos'가 합쳐져서 생긴 단어로 '행복한 죽음, 좋은 죽음'을 뜻한다. 이렇듯 안락사야말로 진정 행복한 죽음인 것이다.

홈닥터는 "그럼 준비되셨나요?" 하고 본인의 의향을 확인한 뒤 팔에 주사를 놓는다. 그렇게 몇 분 후면 저세 상으로 여행을 떠난다. 밖에는 이미 경찰이 대기하고 있 다. 이것이 네덜란드의 안락사 풍경이다.

앞으로의 과제는 삶에 의지가 없는 노인들의 안락사

일렘슨 씨에 따르면, 최근에는 초기 치매환자의 안락사 희망이 증가 추세인데, 판단하는 데 애를 먹는다고 한다. 앞으로 안락사협회의 과제는 정신장애와 치매의 합병증인 경우와 삶에 의지가 없는 노인이라고 한다.

공감되는 이야기였다. 삶에 의지가 없는 노인이 나 자신의 미래일 수 있다는 생각이 들었다. 가족도 없이 고독하고 깐깐하게 늙어서 삶의 의지까지 없다면 폐인이 될 게 뻔하다. 그때가 되면 빨리 죽고 싶다는 욕망이 더 클 것이다.

마지막까지 안심하고 생활할 수 있는 수준의 복지를 자랑하는 네덜란드에서도 죽음을 바라는 노인이 있다는 사실에 새삼 놀랐다. 노인의 삶은 정말로 녹록지 않다.

가족들에 둘러싸여 늙어가는 사람에게는 장수가 행복일지 모르겠지만 나는 독신이라서 나다움을 잃어버리면 그것으로 끝이다. 지금은 아직 하고 싶은 일이 있으니까 나다움을 유지할 수 있지만 실망도 잘하는 편이라 골골거리는 노파가 돼서도 견딜 수 있을지 모르겠다. 가정을 꾸리지 않은 것이 후회스럽지는 않지만 역시 늙어서 혼자 사는 일은 점점 더 힘들어질 거라고 생각한다.

그런 이유로 예전부터 안락사가 가능한 나라인 네덜란드를 동경해왔는지 모르겠다. 앞으로의 과제가 '삶에 의지가 없는 노인들의 안락사'라는 일렘슨 씨의 의견은 향후 초고령사회의 문제를 정확히 진단했다고 생각한다. 질병이 아니라도 장수가 사람을 고통스럽게 만들 수 있다.

삶에 의지가 없는 노인이라니 생각만 해도 마음이 무겁다. 마음은 여전히 청춘이지만 육신은 쉽사리 늙어간다.

○
●
네덜란드에서 안락사가 용인되는 배경
○

    네덜란드는 일본과 달리 개인의 결정을 존중하는 나라다. 그래서 전체보다는 개인의 생각과 행복을 중시한다.

    일례로 네덜란드에는 치료 시 '이용자의 뜻에 따른다'라는 법률이 있다. 의사의 뜻이 우선인 일본과 크게 달라 놀랄지도 모르겠지만 사실이다. 이용자가 "난 먹지 않을 거예요", "치료는 더 필요 없어요"라고 하면 의사는 그 말에 따라야 한다. 이를 어기는 의사는 처벌받는다. 좋고 나쁨을 떠나서 네덜란드가 개인의 자기결정을 존중하는 나라임을 잘 알 수 있는 대목이다.

    안락사법이 세계 최초로 성립된 것도 개인의 행복을 중시하는 국민성이 배경에 깔려 있기 때문이다. 다시 말해 생명에 대한 도덕적 관념보다는 개인의 행복이 우선이다.

    그리고 네덜란드 사람은 대화를 중요시하는데, 혀를

내두를 정도로 철저해서 상대의 주장을 이해하기 위해서라면 시간을 아끼지 않는다. 일본처럼 한두 번 이야기해보고 결정하지 않는다. 안락사 법안이 통과하기까지 30년이나 걸린 것은 네덜란드 사람이 대화를 좋아하기 때문이라는 생각도 해봤다.

정치에 관해서도 '일임'은 없다. 거리 곳곳에는 마치 축구 이야기를 하듯이 정치 이야기로 설전을 벌이는 사람들로 가득하다. 정치가 본인의 행복에 직결되기 때문이다. 고복지·고부담 정책도 정치적 논리로 결정된 것이 아니라 국민이 스스로 결정했다.

마지막으로 안락사가 가능한 배경으로 주치의 개념을 빼놓을 수 없다. 네덜란드는 일본과 달리 주치의 제도로 의료 행위가 이루어진다. 일본은 이용자가 원하는 병원을 자유롭게 선택할 수 있지만 주치의 제도는 홈닥터가 필요하다고 판단해야 병원에 갈 수 있다. 본인이 마음대로 큰 병원으로 갈 수 없는 시스템이다.

장점은 의사가 환자의 가족력, 체질, 성격, 병력 등을 모두 파악하고 있어 안심하고 상담할 수 있다는 점이다. 단점은 긴급한 상황에도 홈닥터의 판단이 우선적으로 이루어져야 하므로 자칫하면 치료가 늦어지는 상황이 발생할 수 있다는 점이다.

영국에 사는 친구는 주치의 제도를 매우 못마땅해했다. 왜냐하면 몸이 좋지 않아서 전화를 해도 주치의가 금방 오지 않는다는 것이다. 의사를 기다리다가 상태가 나빠져 죽는 경우도 있다고 한다. 큰 병원에서 진찰받고 싶은데 좀처럼 들어주지 않는다며 불평을 늘어놓았다. 네덜란드의 홈닥터는 한 사람이 약 2,000명을 담당하는데, 출산부터 정형외과, 내과, 신경외과, 간호 등 의료와 관련된 일은 하나부터 열까지 한다고 하니 놀랍기만 하다. 홈닥터는 한마디로 만능이다.

나는 아직 주치의 제도가 좋은지 나쁜지 판단할 수 있을 정도의 지식은 없다. 다만 일본도 주치의 제도로 바꿀 방침인 듯하니 잘 되기를 바랄 뿐이다. 하지만 일본 정부는 무슨 일이든 벼락치기라서 별로 믿음이 가지 않는다. 사람의 목숨을 다루는 존엄사 법안은 여전히 뒷전이고 공모죄 같은 법안은 금세 처리하는 나라에서 무엇을 기대하란 말인가? 과연 이런 나라에서 행복하게 죽을 수 있을지 의문이다.

해질녘 암스테르담은 정말로 아름다웠다. 노후 걱정

이 없는 네덜란드 사람들은 여유롭게 자신의 시간을 즐기고 있는 듯 보였다. 네덜란드 사람은 휴가를 위해 일한다고 한다. '인생은 즐기기 위해 존재한다. 입으로 음식을 먹을 수 없다면 끝이다.' 이게 네덜란드 사람들의 일반적인 사생관이다.

네덜란드 안락사협회는 2시간이나 시간을 할애하며 친절하게 설명해주었다. 일에 대한 자부심이 자원봉사자들의 표정과 행동에서 묻어났다.

자원봉사는 일반적인 전화 응대도 하지만 상담자의 개인적인 고민을 들어주는 일이 주요 업무라고 한다. 안락사협회는 단순히 안락사를 상담하는 곳이 아니라 안락사를 원하는 사람의 마음을 이해하고 삶에 용기를 주는 곳이라는 느낌이 들었다.

취재를 마치고 밖으로 나왔을 때는 뭐라고 형용하기 힘든 평화로운 기분이 들었다. 수준 높은 복지정책뿐만 아니라 개인을 존중하는 국민성이 지금의 네덜란드를 만들었다는 생각이 들었다.

네덜란드 사람은 삶이 힘들 때 애써 살기를 강요하지 않고 상대의 입장을 이해하려고 한다. 반면 일본 사람은 스스로 죽음을 선택해서는 안 된다는 고정관념에 사로잡혀 있다. 안락사를 선악의 관점이 아니라 행복을 우선시하는 입장에서 바라본다면 어떨까? 이러한 사고의 전환이 안심하고 노후를 보낼 수 있는 계기를 만들어줄 것이다. 어떻게 보면 합법적인 안락사를 선택할 수 있다는 것은 삶의 마지막 희망과 같은 것이다.

네덜란드 사람들은 아름다운 운하와 자연으로 둘러싸인 거리에서 여유를 즐기며 살고 있었다. 나는 이 풍경을 바라보다가 문득 네덜란드에서 '좋은 죽음'을 의미하는 안락사가 힘겨워하는 사람에 대한 네덜란드 사람들의 사랑이 아닐까라는 생각이 들었다.

존엄사나 안락사를 인정한다는 것은 타인을 배려하는 사랑의 또 다른 모습이 아닐까? 아쉽게도 일본 사람은 타인에 대한 사랑이 부족하다.

진심으로 네덜란드에 잘 왔다는 생각이 들었다. 존엄사가 법제화되지 않은 일본에서 안락사가 합법화되는 날이 올지는 의문이지만, 네덜란드에서의 경험이 안락사의 합법화 논의보다는 '개인의 행복이란 무엇인가'를 다시금 생각할 수 있게 해준 계기가 되었다.

제5장

'좋은 죽음'을 위하여

지금부터 생각해둬야 할 10가지 지침

○
●
좋은 죽음을 맞기 위한 10가지 지침
○

어떻게 하면 '좋은 죽음'을 맞을 수 있을지는 온전한 정신으로 판단할 수 있을 때 구체적으로 생각해둬야 한다. 판단력이 흐려지고 나면 이미 늦다. '좋은 죽음'을 맞기 위한 10가지 지침을 정리해 보았다. 여러분도 이 지침을 참고해서 자신의 생각을 정리해보기 바란다.

1. 연명치료 여부 결정하기

누구나 건강하게 살다가 죽기를 바란다. 하지만 어떤 식으로 죽을지는 아무도 모른다. 부정적인 생각은 하고 싶지 않지만 인생사 어떻게 될지 모르니 최악의 상황을 대비해 두면 여생을 안심하고 보낼 수 있다.

만약 불치의 병에 걸린다면 어떻게 할 것인가? 무슨 수를 써서라도 치료할 것인가? 아니면 고통을 견디면서 버틸 것인가? 이도 저도 아니면 고통 없이 떠날 수 있는 방법을 찾아볼 것인가?

또 노화나 큰 병으로 음식물을 섭취할 수 없는 상태라면 어떻게 할 것인가? 영양분을 공급받기 위한 처치를 할 것인가? 아니면 그대로 생을 마감할 것인가? 건강한 동안 연명치료에 대한 입장을 정해 두는 것이 좋다.

일반적으로 갑자기 쓰러지거나 사고를 당하면 구급차에 실려 간다. 이때 상태에 따라서는 인공호흡기를 착용하거나 수액 주사를 맞는다. 이처럼 본인의 의사와는 상관없이 연명치료가 이루어질 가능성도 염두에 두어야 한다. 일단 연명치료 장치가 설치되고 나면 임의로 제거할 수 없기 때문에 사망 판정을 받을 때까지는 연명치료 장치에 의지하며 살아야 한다.

육체와 정신이 건강하더라도 의식을 잃는 위급한 상황에 처하면 의사나 가족의 판단에 맡길 수밖에 없다. 이렇게 되기 전에, 즉 바로 지금 연명치료 여부를 결정해 둬야 한다. '좋은 죽음'을 맞으려면 '존엄사 선언'은 반드시 필요하다.

"지금은 죽음 따위 생각하고 싶지 않아. 여든 살이 넘으면 생각해보겠어." 이렇게 생각하는 사람도 있겠지만,

존엄사 선언은 빠를수록 좋다. 당신이 자연스러운 죽음을 원한다면 연명치료를 거부하는 것이 현명하다.

2. 유언장 작성하기

존엄사를 원하고 연명치료가 싫다면 자신의 생각을 서면으로 작성해두자. 존엄사 관련 협회 등에 가입하고 '리빙 윌'을 작성해두면 된다.

협회 회원증 등을 지갑에 항상 소지하고 다니면 긴급한 상황에 처하더라도 의사나 구급대원이 발견할 가능성이 높다. 다만 아무리 관련 협회 회원이거나 리빙 윌을 작성했다고 해도 연명치료 여부는 그때의 상황에 따라 결정되며 거부가 반드시 보장되지는 않는다. 그렇다고 해도 일단은 자신의 의사를 명확히 밝히는 것이 '좋은 죽음'을 맞는 첫걸음이다.

협회도 '리빙 윌로 연명치료 거부를 보장받을 수 없다'고 밝히고 있다. 위급 사태는 언제 어디서 일어날지 모르며 어떤 의사에게 치료받을지 알 수 없기 때문에 리빙 윌을 작성했다고 연명치료 거부가 100퍼센트 보장되지는 않는다는 입장이다.

일반적으로 환자의 의사를 확인할 여유가 없는 위급한 상황이라면 연명치료가 바로 시행된다. 그럼에도 연명치료를 피하려면 1차적으로 자신의 의사를 밝혀두는 것이 우선이다(한국에서는 2018년 2월 4일부터 시행된 '연명의료결정법'에 의해 보건복지부가 지정하는 등록기관에서 '사전연명의료의향서'를 작성할 수 있다—옮긴이).

또 가족이나 친구에게 자신의 생각을 사전에 이야기해뒀다고 해도 긴박해지면 마음이 흔들려 '목숨만큼은 구해주세요'라며 연명치료를 요구할 가능성도 배제할 수 없다.

이 책을 쓰는 동안에도 요양원에서 생활하던 친구 어머니의 부고 소식을 받았다. 마지막 상태를 들어보니 식사 때 평소와 달라서 직원이 자리에 눕히자 숨을 쉬지 않아서 구급차를 불렀다고 한다. 구급차를 기다리는 와중에 호흡이 돌아왔으나 병원에 가자 다시 호흡이 멈춰 심폐소생술을 실시했지만 그대로 숨을 거뒀다는 것이다.

나는 친구의 이야기를 듣고 불쑥 "숨이 돌아오지 않아서 다행이네. 고통 없이 가셔서 다행이야"라고 말했다. 친구도 평소 어머니의 연명치료를 바라지 않는다고 말해왔다. 하지만 친구가 연락을 받고 병원으로 달려가는 1

시간 동안 숨이 돌아왔다면 분명 어머니는 수액 주사를 맞고 연명치료를 받고 계셨을 것이다. 친구도 역시 숨이 돌아오지 않아서 다행이라며 가슴을 쓸어내렸다. 죽음은 언제 어떤 식으로 찾아올지 알 수 없다. 몸과 정신이 건강할 때 자신의 생각을 정리해서 남겨두는 것이 좋다.

3. 가족과 친구에게 자신의 의사 전달하기

연명치료를 거부하고 자연사를 원해도 결국 실행하는 사람은 자신이 아니라 타인이다. 의식이 또렷하고 말을 할 수 있다면 좋겠지만 아마도 연명치료를 결정해야 하는 상황이라면 더 이상 정신적으로 온전하지 않을 가능성이 높다.

특히 고령자가 구급차에 실려 간다는 것은 일반적으로 호전될 가능성이 낮기 때문에 스스로 판단을 내릴 수 있는 상태가 아닐 가능성이 높다. 이때는 가족이 판단할 수밖에 없다.

병원에 실려 갔을 때 정신을 차리고 "연명치료는 거부합니다. 일본존엄사협회 회원이에요"라고 말할 수 있으면 좋겠으나 그럴 가능성은 거의 없기 때문이다.

그래서 평소 가족에게 자신의 의사를 전달해서 이해를 구했느냐가 중요하다. 가족을 나쁘게 이야기할 생각은 없지만 일반적으로 가족은 당신의 의사를 존중하기보다는 자신들의 감정을 우선시한다. 왜냐하면 가족은 당신을 잃고 싶지 않고 어떤 모습이든 상관없으니 살아주기를 바란다. 지금은 존엄사나 연명치료를 잘 알지만 예전에 무지했을 때는 내 생각 역시 별반 다르지 않다.

내 아버지는 85세가 되던 2004년, 집에서 쓰러져 구급차에 실려 병원 집중치료실로 이송되었다. 존엄사나 연명치료에 대한 아무런 지식이 없었던 나는 집중치료실에서 숨을 거둔 아버지의 모습을 본 순간 의사에게 애원하기 시작했다.

"임종도 못 보고 보낼 수 없어요! 어떻게든 살려내세요!"

입원은 예상했지만 돌아가시리라고는 꿈에도 생각하지 못했기 때문이다. 하지만 지금 생각하면 그렇게 가신게 잘된 일이다. 만약 그때 아버지가 연명치료를 받을 수 있는 상태였다면 지금쯤 코에 튜브를 꽂은 채 식물인간으로 살고 계실지도 모른다. 돌이켜보면 무지했던 나 자신이 흠칫해지는 순간이다.

어쨌든 본인이 판단할 수 없는 긴급한 상황이라면 가족의 결정에 따라야 한다. 그래서 만약 절대 연명치료를 하지 않겠다고 다짐했다면 반드시 가족에게 알리고 이해를 구해야 한다.

일례로 혈육이 여동생 한 명뿐인 친구는 요즘 한숨이 늘었다. 여동생은 재테크나 금융에만 관심이 있고 죽음에 대한 이야기를 하면 귓등으로 듣는다고 한다. 신변에 무슨 일이 생겼을 때 달려와줄 사람은 여동생뿐인데 아무래도 "언니를 살려주세요!"라며 의사에게 애원할게 뻔하다며 심란해했다.

혼자서 결단을 내려봐야 가족의 도움이 없으면 아무 소용없다. 가족이 납득해주지 않는다면 충분한 시간을 가지고 끈질기게 설득해야 한다.

가족이 존엄사에 관심을 갖게 하는 법

가족이 존엄사에 관심을 갖게 하려면 어떻게 해야 할까? '소 귀에 경 읽기'라는 속담도 있듯이 관심 없는 사람에게는 아무리 말해봐야 소용없지만 그래도 다음과 같은 방법을 활용해보자.

1) 가족과 동거하고 있다면 존엄사 관련 책을 슬쩍 거실에 둔다

존엄사 관련 책을 테이블 위에 두면 가족들이 별 생각 없이

펼쳐볼 가능성이 높다. 책에 꽃무늬 표지를 덧씌우면 효과가 있을지도 모른다. 가족이 존엄사에 관심이 없더라도 일단은 접할 기회를 제공하는 게 중요하다. 잡지에 존엄사 특집이 있다면 해당 페이지를 접어서 표시해두거나 보이게 펼쳐두는 것도 도움이 된다.

2) 생일 등 특별한 날에 가족 앞에서 존엄사에 대한 생각을 밝힌다
특히 본인의 생일 축하 자리라면 이야기에 귀를 기울여줄 것이다. 훈훈한 분위기 속에서 건배사를 해야 한다면 이렇게 이야기해보자. "여러분께 부탁이 있어요. 인생은 참 알 수 없다고 생각해요. 그래서 나는 리빙 윌에 서명했어요. 무슨 일이 생기면 잘 부탁해요. 건배!"
분위기를 망칠 수도 있지만 가능한 한 가볍게 잽을 날릴 듯이 말해보자. 운이 좋으면 가족들이 진지하게 생각하는 계기를 만들 수도 있다. 가장 안 좋은 방법은 가족이 스스로 존엄사에 관심을 갖도록 방치하고 기다리는 것이다. 자신의 의사를 인정받으려면 노력이 필요하다.
가족이 "뭐? 죽는다고? 넌 왜 불길한 소리를 하고그래?"라는 반응을 보인다면 앞으로 단단히 각오해야 할 것이다. 하지만 잘 몰라서 하는 말이며 자세히 설명하면 납득할지도 모르니 일단 포기하지 말고 자신의 의사가 관철될 때까지 끊임없이 잽을 날리자.

4. 구급차를 부를 것인가? 말 것인가?

젊다면 구급차를 불러서 목숨을 구하고 회복에 최선

을 다해야 마땅하지만 기력이 다한 고령자라면 어떨까?

얼마 전에 동년배 주부들과 수다를 떨다가 "예순다섯이 넘으면 구급차는 안 부르는 게 좋아"라고 했더니 다들 무슨 소리냐는 듯이 쳐다봐서 민망했던 적이 있다.

긴급 시에는 119가 상식인 사회라서 나처럼 생각하는 사람이 거의 없을 것이다. 구급차는 바로 연명치료로 이어질 수 있기 때문에 평소에 심사숙고해서 결정해야 한다.

실은 나도 아직 죽음에 대한 각오가 확실하지 않아서 이런 말을 할 자격이 있는지 모르겠지만 독신인 회원의 죽음을 통해 함부로 구급차를 불러서는 안 되겠다는 생각을 했다.

젊은 사람과 달리 누가 봐도 살 만큼 산 고령자들의 가장 큰 고민은 '어떻게 하면 고통 없이 죽을까?'다. 만약에 고통 없이 자연스럽게 죽음을 맞고 싶다면 구급차는 부르지 않는 것이 좋다.

물론 독신자라면 집에서 쓰러져도 구급차를 불러줄 사람이 없다. 그래서 불안을 토로하는 분도 많다. 하지만 그게 더 행복한 삶일지도 모른다. 구급차를 부르지 않으면 적어도 병원에서 식물인간으로 보내는 일은 없을 테니까 말이다.

자, 어떻게 할 것인가? 구급차를 부를 것인가? 말 것인가? 선택은 여러분의 몫이다.

5. 고독사에 대해 어떤 입장인가?

고독사라는 말은 왠지 쓸쓸해서 별로 사용하지 않지만, 일반적으로 아무도 돌보지 않는 가운데 혼자서 죽는 것을 고독사라고 한다.

누구나 고독사는 두렵고 피하고 싶다고 말한다. 그런데 과연 그럴까? 고독사라는 말이 풍기는 이미지 때문에 선입견을 가지고 있는 건 아닐까?

나도 활발히 활동하던 50대까지는 미디어에서 고독사가 보도될 때마다 비참한 생각에 얼굴을 돌리고 애써 외면했지만 독신자 단체를 운영하고 회원의 고독사를 경험하면서 고독사의 장점을 발견할 수 있었다. 인간은 혼자서 태어나고 혼자서 죽는다. 아무리 사랑하는 가족의 보살핌을 받아도 결국 이 세상을 떠날 때는 혼자다.

문득 이런 이야기가 떠오른다. 홀로 사는 몸이 약한 할머니가 있었다. 할머니가 사는 곳은 인심 좋기로 유명한 마을이었는데 사회복지사나 자원봉사자들이 매일 교대로 찾아와서 말동무가 되어줬다고 한다. 정말 훈훈한 이야기다.

그런데 어느 날, 자원봉사자가 침대에 누워 있는 할머니에게 "어디 불편한 곳은 없으세요?"라고 묻자 이렇게 대답했다고 한다.

"혼자 있고 싶어."

당신은 이 세상을 떠날 때 혼자이고 싶은가, 아니면 가족에 둘러싸여 있고 싶은가? 인생의 마지막이 혼자라도 괜찮다면 두려울 게 있을까?

6. 마지막은 집에서, 아니면 시설에서?

예기치 못한 사고나 재해가 아니라 노화로 사망한다면 대부분 집이 아니면 시설이다. 여기서는 시설을 고령자 주택, 서비스 제공 고령자 주택, 유료노인홈이나 특별 양호노인홈 등 자택 이외를 통칭하는 의미로 사용하겠다.

즉 자신의 집에서 죽을 것인가 아니면 그 외 다른 곳에서 죽을 것인가? 아무래도 마지막을 보낼 곳을 미리 정해두면 안심이 된다.

상황이 닥쳤을 때 생각하면 이미 늦다. 시설에서 마지

막을 보내겠다면 자금도 필요하다. 왜냐하면 월 이용료가 오르면 올랐지 떨어지지는 않기 때문이다. 빠듯한 연금으로는 시설에서 마지막을 보낼 수 없다. 돈이 없으면 시설을 선택할 수 없는 실정이다.

시설에 들어간다고 해서 행복한 죽음을 보장받을 수는 없지만 건강할 때 어디서 죽음을 맞을지 정해두어야 남은 인생을 속 편하게 살 수 있지 않을까?

참고로 현재 일본에서 이용할 수 있는 고령자 시설은 다음 페이지에 나오는 표에서 확인할 수 있다.

마지막을 시설에서 보내기로 정했다면 월 이용료 이외에 개호보험료도 든다는 점을 알아야 한다. 개호보험 서비스를 받으려면 해당 지자체에 신청해야 한다. 지급 한도액 등도 각 지자체에 따라 다르므로 먼저 거주지의 지자체에 문의하기 바란다. 개호보험의 지급 한도액 이내라면 서비스 이용료는 10%에서 20%만 부담하면 된다. 지급 한도액을 초과하면 전액 부담해야 하니 주의하자. 이 외에 기저귀비나 의료비가 들 수 있으므로 월 지출 총액은 월 이용액의 2배 정도로 잡아야 한다.

일본의 노인홈·개호시설의 종류와 수

노인홈의 종류와 유형			개수
민간운영	유료노인홈	개호 제공 유료노인홈	4,064
		주택형 유료노인홈	5,623
		건강형 유료노인홈	16
	그 외의 시설	서비스 제공 고령자용 주택	6,668
		그룹 홈	11,678
공적시설	개호보험시설	특별양호노인홈	7,631
		개호노인보건시설	4,222
		개호요양형 의료시설	1,215
	복지시설	케어하우스	636
		양호노인홈	953

출처: 일본 후생노동성 '개호사업소·생활관련정보검색', '2015년도 개호보수 개정을 위해', (사)전국유료노인홈협회 '유료노인홈·서비스 포함 고령자 주택에 관한 실태조사연구', 서비스 포함 고령자 주택 정보제공서비스

※ 웹사이트 '모두의 개호(みんなの介護)'의 '노인홈·개호시설의 종류'를 참고하여 작성. '개수'는 2017년 6월 기준

노인홈이나 개호시설은 종류가 많고 서비스 내용이나 목적, 비용, 입소 조건도 다양하다. 시설에 따라 내용과 조건이 다르므로 잘 확인해보기를 바란다.

한편 집에서 죽음을 맞겠다고 결정했다면 개호보험이나 간병인 등의 이용 여부에 따라 지출이 발생할 수도 있지만 필요 없다면 이용하지 않아도 되므로 개개인의 사정에 따라 유연하게 대처할 수 있다. 다만 어떤 상황이 닥쳐도 견디고 노력하겠다는 각오가 필요하다. 몸이 약해서 혼자 살 수 없는 사람은 일찌감치 시설에 들어가는 것도 좋은 방법이다.

나처럼 연금이 적은 사람은 애초에 유료노인홈을 선택할 수 없으므로 이런저런 고민할 필요가 없어 편하다. 세상사 다 생각하기 나름이니 부자라서 행복하고 가난해서 불행한 것은 아니다.

얼마 전 흥미로운 이야기를 들었다. 친구가 최근에 생긴, 입소 비용이 족히 1억 엔이 넘는 초호화 유료노인홈에 미국인 지인을 데리고 견학을 다녀왔다고 한다.

"점심 식사가 어마어마해. 근데 다들 말 한마디도 없지 뭐야. 호화로운 식당이 쥐 죽은 듯 조용했어. 뭔가 분위기가 묘하다고 할까?"

잘 차려입은 사람들이 식사를 마치고는 하나 둘씩 조용히 방으로 돌아가는 모습에 친구는 다소 황당했다며 이게 일본 최고의 노인 시설인가 싶어 고개를 절레절레 흔들었다고 한다. 시설 내에 있는 당구장에서 백발의 멋쟁이 노인과 우연히 마주쳤는데, 미국인을 보고 반가웠는지 유창한 영어로 말을 걸며 이렇게 말했다고 한다.

"하하하, 여기가 좋다고요? 그렇지 않아요. 여기는 포로수용소랍니다. 나는 포로라서 도망칠 수 없죠. 나는 딸자식의 포로라오."

일본은 본인이 희망해서 유료노인홈에 들어가는 사람이 드물다. 이게 지금 일본의 현실이다.

최근에는 거리를 걷다 보면 보행차에 의지해 건널목을 건너는 노파를 자주 볼 수 있다. 한 발 한 발이 힘들어 보이는 노인은 허리는 굽었고 행색도 초라하다. 홀로 사는 노인이라는 사실을 한눈에 알 수 있다. 예전이라면 '아휴, 힘드시겠어. 저렇게는 되지 말아야지'라며 외면했을 텐데 요즘에는 '저 나이까지 일상생활을 하다니 대단하시네'라고 생각하게 되었다.

'마지막을 어디서 보낼 것인가?' 선택은 본인의 몫이지만 적든 많든 남들의 도움을 받아야 한다는 사실에는 변함이 없다.

7. 사는 곳에 방문 진료 의사가 있는가?

집에서 마지막을 보내겠다면 먼저 거주지에 방문 진료를 해주는 의사가 있는지 알아봐야 한다. 평소에 거주 지역의 방문 진료 의사와 친분을 쌓아두면 좋다. 방문 진료나 재택의료를 전문으로 하는 병원이 집 근처에 있으면 금상첨화지만 없다면 다니는 병원을 정해두고 의사와 안면을 터두면 긴급할 때 도움을 받을 수 있다.

예전에 도쿄 메구로역 쪽에 살 때 발목을 접질려서 내과·피부과·성형외과 간판을 내건 근처 병원을 찾은 적이 있다. 의사에게 진찰을 받으며 "혼자 살면 아프면 안 되는데 다쳤네요"라고 했더니, "근처 사시죠? 왕진도 가니까 급할 땐 연락 주세요"라고 해서 속으로 쾌재를 부른 적이 있다. 간판만 보고 지레짐작하지 말고 직접 물어보면 집 근처에서 왕진이 가능한 병원을 발견할 수 있다.

나는 평소에 정기검진을 받지 않기 때문에 친분이 있는 병원이 없어서 늘 아쉬웠다. 젊었을 때는 몰랐는데 나이 탓인지 요즘 부쩍 몸이 힘들다는 생각이 든다. 집에서 마지막을 보내려면 평소 친하게 지내는 의사 한 명쯤은 필요하다.

신문에서 읽었는데 어떤 여성이 자신의 죽음이 얼마

남지 않았음을 직감하고 어떻게 할지 고민하다가 재택의료로 유명한 의사가 있는 지역으로 이사했다고 한다. 그리고 정성스런 재택의료를 받으며 생을 마감했다. 이 기사를 읽고 '이런 방법도 있구나'라며 감탄한 적이 있다. 참고로 재택의료는 방문 가능 범위가 3킬로미터 이내로 정해져 있어서 미리 확인해 두는 게 좋다.

극단적인 사례지만 말기 암 진단을 받은 어떤 고령의 여성이 우연히 잡지에서 본 병원에 반해서 '정말 멋진 병원이구나. 나는 이 병원에서 죽을 거야'라고 결심하고 실행에 옮겼다고 한다. 수십 년 전의 일이라 일본에는 호스피스나 완화 의료가 보급되지 않았던 시절의 이야기다.

다만 놀라운 것은 여성의 집은 일본 북부의 아오모리현이었고 병원의 소재지는 하와이였다고 한다. 그 여성은 영어를 못하는 건 물론이고, 당시 비행기도 처음 타봤다고 하니 추진력만큼은 대단한 분임에 틀림없다.

이 이야기는 의료 관련 일을 하는 친구에게서 들었는데, 호기심이 발동해 하와이에 있다는 그 병원을 직접 방문한 적이 있다. 병원 관계자는 영어도 못하는 일본인 여성이 찾아와서 자신의 마지막을 부탁한 일에 크게 감동하여 그 여성을 추억하는 장소도 만들었다고 한다.

장수 지옥

참고로 도쿄의 고다이라시나 신주쿠구에는 재택의료에 힘쓰는 의사가 많다. 앞으로는 재택 진료를 전문으로 하는 클리닉이 많이 생길 테니 계속 관련 정보에 귀를 기울이도록 하자.

8. 죽음을 이야기할 수 있는 친구가 있는가?

SSS네트워크 회원들의 죽음을 겪으면서 원하는 죽음을 맞기 위해서는 친구가 있어야 한다는 생각을 자주 한다. 가족은 선택할 수 없지만 친구는 가치관이 같은 사람으로 선택할 수 있다. 가족에게 죽음에 관한 이야기를 하면 대부분 "재수 없게 왜 그래?", "왜 그런 이상한 소리를 하니?" 같은 반응을 보인다.

외국인은 어떨지 모르겠지만 일본에서는 가족과 정치나 죽음에 대한 이야기는 하지 않는 게 좋다. 나도 가족들과는 이런 이야기를 진지하게 해본 적이 없다. 가족은 가까우면서도 먼 존재다.

나이가 들수록 가치관이 비슷한 사람과 인간관계를 맺을 필요가 있다. 죽음에 관한 이야기를 나누고 자신의 사생관死生觀을 말할 수 있는 친구가 있으면 사는 것도 죽는 것도 즐겁지 않겠는가?

그리고 아무리 존엄사를 원해도 남들에게 말하지 않으면 의식을 잃는 등 위급한 상황이 닥쳤을 때 본인도 모르게 연명치료를 받을 수 있다. 이게 싫다면 주위 사람에게, 특히 가치관이 같은 친구에게 이야기해두면 도움이 된다.

유행하는 맛집 이야기도 좋지만 어떻게 죽을지에 대한 이야기도 관심도가 높은 주제다. 물론 가치관이 다르면 서로 마음만 상할 수도 있지만 말이다.

죽음은 홀로 사는 사람들이 모여 맥주 한잔하며 이야기 나누기에 좋은 화젯거리다. 스스럼없이 죽음을 이야기하는 친구가 있다는 건 정말 멋진 일이다. 늘 생각하지만 나이가 이 정도 되니 남은 목표는 죽음밖에 없다.

가족 이외에 가치관을 공유할 수 있는 친구를 찾아 잘 죽는 방법을 논의하고 싶다.

9. 자기 나름의 사생관이 있는가?

일본인은 종교가 없는 사람이 많아서 그런지 사생관을 가진 사람이 많지 않다. 서구에서는 유치원 때부터

'삶과 죽음'에 대해 교육하는데 비해, 일본에서는 수험에 필요한 교육만 하고 정작 중요한 인생교육은 등한시한다.

서구에서 '입으로 먹을 수 없으면 끝'이라는 인식이 보편적인 이유는 어릴 때부터 삶과 죽음을 생각할 기회가 많기 때문이다. 반면 일본은 개인을 내세우지 않는 삶을 선호해왔다. 이건 국가의 의도된 교육 방침이었을 것이다. 즉 생각하지 않는 국민은 통치하기 편하다.

의료도 마찬가지다. 의사에게 일임하고 정작 당사자는 방관한다. 의심도 없다. 자신의 목숨을 '의사 선생님'이라는 타인에게 맡긴다.

"카레 먹을까? 아니면 햄버그스테이크?"

"다 좋아. 네가 골라줘."

목숨은 이렇게 식당에서 메뉴를 고르는 일과는 차원이 다른 문제인데도 일본인은 '알아서 해주세요'라는 식이다. 주는 약 잘 챙겨 먹고 어떤 의심도 하지 않는다. 환자가 이렇게 순종적이니 일본 의사들은 참 편하게 일한다는 생각이 든다.

나는 특정 종교를 믿지 않는다. 출신 중학교가 가톨릭계였는데도 신자는 아니었다. 다만 삶의 방식을 배우기 위해 성당이나 교회를 기웃거렸고, 절에서 좌선 강좌를 듣기도 했다. 석가의 생로병사 이야기에 너무 감동해 출가할 뻔도 했으나 가르침이 아무리 훌륭해도 신자가 되지는 못했다. 그래서 나는 다양한 종교의 장점을 취합한 사생관을 갖고 있다.

10. '지금'을 즐기고 있는가?

죽음을 생각하는 일은 살아 있는 동안에 어떻게 살 것인가를 생각하는 일과 같다. 죽음은 반드시 찾아온다. 복권으로 치면 당첨률이 100%인 셈이다. 그럼에도 앞날을 걱정만 하고 지금을 즐기지 못하는 사람이 많다.

지금 일본에서는 슈카쓰(終活, 죽음을 준비하는 활동─옮긴이)가 유행이다. 묻힐 곳이나 장례식 준비도 좋지만 목표를 정하고 즐겁게 사는 게 더 중요하다.

앞날은 아무도 모르지 않는가? 어쩌면 내일 교통사고로 죽을지도 모르고, 병원에서 불치병 선고를 받을지도 모른다. 주말에 등산 가서 무릎을 다쳐 목발을 짚어야 할지도 모르고, 어쩌면 스트레스로 이미 위암에 걸려 있는지도 모른다.

오늘은 건강해도 내일은 어찌 될지 아무도 모른다. 살

얼음판을 걷는 것과 같은 게 인생이다. 하지만 죽으면 아무리 좋은 풍경도, 아무리 맛있는 음식도 즐길 수 없다. 가족이나 친구와도 이별이다.

'좋은 대학에 가서 외국어 공부를 열심히 하겠어.', '뮤지션이 되겠어.' 이런 꿈을 꿀 수 있는 건 살아 있기 때문에 가능하다. 살아 있기 때문에 멋진 상상도 할 수 있다.

아직 70세인 내가 말하기는 그렇지만 죽음이 사정거리에 들어오면 살아 있다는 것 자체가 대단해 보인다. 잃고 나서야 비로소 소중함을 깨닫는다는 말이 무슨 뜻인지 알 것 같다.

부모를 잃고 나서야 비로소 그 빈자리가 크다는 사실을 실감한다고들 하지 않는가? 해고를 당해봐야 비로소 일할 수 있다는 사실에 감사한다고들 하지 않는가? 마찬가지로 늙고 나서야 비로소 젊음이 얼마나 눈부신지 실감한다.

어떤 죽음이 좋은 죽음인지 사람마다 천차만별일 테니 단언할 수는 없지만, 잘 죽고 싶다면 잘 살아야 한다. 그리고 무엇보다 자신이 납득할 수 있는 삶을 사는 게 중요하다. 신의 영역인 죽음은 삶의 연장선상에 있다.

화목한 가정에서 자란 사람, 서로 으르렁거리는 가정

에서 자란 사람, 독신이지만 친구가 많은 사람, 독신은 아니지만 마음의 문을 닫고 사는 사람, 쓰러져 있는 사람을 보고 지나치는 사람, 도움이 필요할 때 곧장 달려와 주는 사람, 아무렇지도 않게 노약자석에 앉아 있는 사람, 노인을 보면 자리를 양보하는 사람 등 사람은 정말로 다양하다.

　삶이 평범하더라도 살아 있음에 감사하고 지금을 즐기자.

제6장

어떻게
죽을지는
스스로 정하자

○
◉
이 나라는 어디로 향해 가는가?
○

'죽지 못해 살고 있는 현장'을 취재하면서 암담했다. 오래 산다는 게 멋지고 기쁜 일만은 아니라는 사실을 알게 되었기 때문이다. 사회복지, 의료, 국민의식 등 무엇이 문제일까?

이 책을 기획했을 때는 특별양호노인홈 증설이 급선무라고 생각했는데 현실을 파고들면 들수록 새로운 문제들이 드러나 당황스럽다. 그래서 지금은 어떻게 해야 할지 솔직히 모르겠다.

이 나라는 어디로 향해 가는 걸까? 국회는 국민을 감시하기 위한 법안만 제출하고 있다. 나라꼴이 이 모양인 건 나를 포함해 국민들이 목소리를 내지 않기 때문이다. 일전에 스웨덴 복지 전문가의 강연을 듣고 스웨덴이 150년 전 국민운동, 시민운동을 계기로 복지 대국으로 거듭났다는 사실을 알게 되었다. 일본은 투쟁 없이 자연스럽게 독립을 이룬 나라다. 그래서 스스로 쟁취해서 사회를 개선해간다는 발상이 없는지도 모른다.

오늘날의 정치는 한심할 뿐이다. 무슨 문제가 생기면 그 순간만 잘 모면하면 된다고 생각하고 국민을 바보 취급한다. 독일에 사는 친구는 일본 총리가 유럽을 방문해도 매스컴에서 별로 관심이 없다고 한다. 독일에서는 일본을 원자력 발전소 문제도 두루뭉술하게 넘어가는 3류 국가라고 여기고 있는데, 이런 사실을 모르는 건 일본인뿐이라며 한숨을 쉬었다.

이런 정부를 두고만 보는 국민도 나쁘다. 선거 때 바꿔야 하는데 투표하지 않는 사람이 너무 많다. 누가 되든 똑같다며 한심한 소리만 한다. 이제는 더 이상 방치해서는 안 된다. 지금처럼 시대감각이 없는 '아재'들에게 정치를 맡겨서는 나라가 엉망이 될 게 뻔하다. 지난 도쿄도지사 선거는 기존 정치가에 대한 심판이었다(2016년 7월 31일 재보궐선거로 고이케 유리코小池百合子 씨가 여성 최초로 도쿄도지사로 선출되었다-옮긴이).

참고로 2017년 유엔이 발표한 세계 복지도 순위에서 노르웨이가 155개국 중 1위를 차지했다. 2위는 덴마크, 3

세계 복지도 순위

순위	국가
1위	노르웨이
2위	덴마크
3위	아이슬란드
4위	스위스
5위	핀란드
51위	일본

*유엔의 지속가능 개발솔루션 네트워크의 조사
(2017년 3월 20일 발표)

위는 아이슬란드, 4위는 스위스, 5위는 핀란드로 상위 5
개국 중 4개국이 고복지 정책을 펼치는 북유럽 국가다.
일본은 51위로 2016년 순위보다 두 계단 상승했지만 국
민이 실감할 수 있는 수준은 아니다.

상황이 이런데도 일본을 좋은 나라라고 할 수 있을
까? 인생의 마지막을 안심하고 보낼 수 있을까? 복지예
산을 삭감해서 가족에게 부담을 줄 게 아니라 다른 쪽
예산을 복지로 돌리는 정책이 정상적이다. 국가는 국방
비에 쓸 예산은 있어도 '노노개호'에 쓸 예산은 없다고
한다. 돈이 문제가 아니라 사고방식이 문제다. 미군에 쓸

예산이 있다면, 장수 지옥에 빠진 국민들을 위해 써야 할 것이다. 도쿄 올림픽보다는 빈곤 문제가 더 시급한데, 한숨만 나온다.

2025년 이후 일본은 어떻게 될까? 어떤 풍경이 펼쳐질까? 불 보듯 뻔한데 정부는 아무런 대책이 없다. 도쿄부터 개혁을 단행했으면 좋겠다. 나라에, 정치가에게, 병원에, 의사에게 맡겨두고 방관해서는 안 된다. 스스로 생각하고 판단해야 안심할 수 있는 나라를 만들 수 있다.

삶을 마감할 때도 마찬가지다. 자신이 어떻게 죽어야 행복한지 그리고 어떻게 살아야 행복한지 스스로 생각하고 판단해야 한다. 일본의 복지정책은 의지할 게 못 된다. 각자 알아서 돈을 모아둬야 한다. 다만 노후자금이 아무리 많아도 튜브를 꽂고 침대에 누워 있으면 아무 소용없다. 그럼 행복하게 죽음을 맞으려면 어떻게 해야 할까? 무엇보다 자신의 사생관이 무엇인지 기준이 있어야 한다.

서구 사회를 맹목적으로 좋아해서는 안 되겠지만 그곳은 왜 침대 생활을 하는 노인이 없는지, 왜 연명치료로 고통을 받는 노인이 없는지 다시 한번 생각해봐야 한다.

순위	국가
세계 남녀평등도 순위	
1위	아이슬란드
2위	핀란드
3위	노르웨이
4위	스웨덴
5위	르완다
111위	일본

*세계경제포럼(WEF)의 2016년도 '젠더 갭 지수'.

　일본에서 안락사의 법제화가 난항인 배경에는 반대파를 두려워하기 때문이라는 이야기도 있다. 국회가 돌아가는 꼴을 보고 있자면 여성혐오 발언도 일상다반사다. 세상이 어떻게 돌아가는지 모르는 사람들이다. 일본이 G7 중 하나인 경제대국이지만 일본 남성들은 여전히 자기들만 잘난 줄 안다. 그렇다고 여성들이 남성들보다 낮다는 이야기가 아니다.

　세계 남녀평등도 순위에서 일본을 찾으려면 밑에서부터 살펴보는 편이 빠르다. 2016년도에 144개국을 대상으로 정치, 경제, 교육, 건강 네 분야에 걸쳐 남녀평등도를

조사했는데, 1위는 아이슬란드, 2위는 핀란드, 3위는 노르웨이, 4위는 스웨덴, 5위는 르완다였다. 상위 5개국 중에 4개국이 북유럽 국가고, 일본은 111위로 한심한 결과였다.

TV에 나오는 유명인들을 볼 때 옛날 사람도 아닌데 아무렇지도 않게 '우리 집 가장은……'이라는 표현을 쓰는 걸 보면 놀랍다. 나는 사회생활을 하는 오늘날의 젊은 여성들이 의외로 보수적이라는 생각을 자주 한다. 관심 분야라고는 주식과 육아뿐이다.

미혼모 문제는 자기 일이 아니니 아무래도 상관없다는 말인가? 자신은 늙지 않는다고 생각하는 걸까? 이렇게 한심한 수준이라면 일본의 미래는 없다. 오래 살아도 행복한 나라를 만들기 위해서는 정치부터 바꿔야 한다.

○
●
자연사는 고통스럽지 않다
○

이 책을 집필하는 와중에 '자연사'를 추천하는 나카무라 진이치中村仁— 선생의 강연이 듣고 싶어졌다. 인터넷으로 찾아보니 나고야에서 '자신의 죽음을 생각하는 모임'이 있다는 정보가 있어 찾아가보았다.

현재 사회복지법인 노인홈 도와엔同和園 부속 진료소 소장인 나카무라 선생은 1996년부터 시민 단체인 '자신의 죽음을 생각하는 모임'을 주재하고 있다. 지금까지 225회나 개최된 모임인데, 지금에야 관심이 생긴 내 자신이 부끄럽다.

세상에는 진실을 깨달을 수 있는 기회가 넘치도록 많지만 관심이 없으면 아무 소용없다. 최근 20년간 나는 SSS네트워크 활동에만 빠져 나의 죽음을 진지하게 생각해본 적이 없었다. 그래서 '자신의 죽음을 생각하는 모임'의 존재를 몰랐던 것이다.

내가 '자연사'에 관심을 갖기 시작한 계기는 2012년에 발간된 나카무라 선생의 저서 《편히 죽고 싶다면 의료에 의지하지 마라–'자연사' 추천大往生したけりゃ医療とかかわるな-「自然死」のすすめ》이었다. 이후 나카무라 선생의 책과 기사를 읽으면서 큰 공감을 했다.

솔직한 스타일의 나카무라 선생은 '본래 사람은 죽음을 편안하게 맞이하게끔 되어 있는데 연명치료가 방해하고 있다'며 속 시원히 이야기해줬다. 선생은 요양시설에서 500명 이상의 죽음을 지켜봤지만 힘들어하며 떠난 사람은 없었다고 한다. 죽음은 고통이 아니라는 말을 책이 아닌 선생의 육성으로 들으니 더 큰 감동이 밀려왔다.

요컨대 인간은 나이가 들면 자연히 시들어 죽는다. 먹지 못해 죽는 게 아니라 '죽을 때'가 되었기 때문에 먹지 못한다는 것이다.

우리들은 늙어서 먹지 못하는 부모를 간병할 때 죽지 말라며 억지로 음식을 먹인다. 선생의 책을 읽기 전인 2012년 이전이라면 나도 그렇게 했을 것이다. 하지만 선생의 이야기를 듣고 할아버지와 할머니께서 집에서 돌아가신 일을 떠올렸다. 그게 바로 자연사였다. 돌아가실 때가 되어서 돌아가신 거다.

나카무라 선생은 현대인은 죽음이 두려운 나머지 죽지 않기 위해 노력하지만 오히려 역효과만 생길 뿐이고 본인을 고통스럽게 한다고 주장한다.

일본인은 언제부터 죽음을 두려워한 걸까? 내가 어렸을 때만 해도 노인의 죽음은 일상생활 속에 스며들어 있었다. 하지만 시간이 흐르면서 죽음은 두려운 것, 피해야 하는 것으로 변했다. 나도 죽음에 대한 이야기를 꺼낼 때는 상대를 봐가며 말한다.

상대가 80대 이상이거나 손자를 보살피느라 바쁜 분이라면 죽음에 관한 이야기를 하지 않는다. 하지만 독신 여성과는 식사하면서 서너 시간은 거뜬하다. 강좌나 강연회에 적극적으로 참가하는 여성을 만나면 나도 자극을 받는다. 죽음을 이야기한다는 것은 지금을 충실히 살기 위한 답을 찾는 과정이기도 하다.

나카무라 선생은 음식을 먹지 못하는 건 죽을 때가 되었다는 의미이며, 몸이 필요로 하지 않기 때문이라고 주장한다. 그럼에도 필사적으로 먹이려는 간병인이나 가족들이 있는데, 이는 기분 좋게 저세상으로 떠나려는 사람을 괴롭히는 행동이니 삼가는 게 좋다고 말한다.

이야기를 듣고 나 자신을 포함해 우리가 죽음에 대해 참 무지했다는 사실을 새삼 실감했다. 학력은 높지만 정작 중요한 죽음에 대해서는 아무것도 모른다. 바꿔 말하면 죽음을 배울 기회를 갖지 못하고 노인이 되는 게 지금의 현실이다.

초고령사회로 돌입한 지금이야말로 무엇이 중요한지 깨닫고 겸허하게 죽음에 대한 공부를 해야 할 때다. 본인의 좋은 죽음을 위해서뿐만 아니라 가족을 따뜻하게 배웅하기 위해서라도 병원에 맡기지 말고 스스로 공부하기를 바란다.

나카무라 선생의 이야기를 가슴에 담고 도쿄로 돌아와서 91세인 어머니께 이야기했다. 지금까지 어머니와 죽음에 대해 진지하게 이야기해본 적이 없었지만 어머니는 자신은 자택에서 죽음을 맞기를 바랐다. 나고야에서 사온 특산물을 나눠 먹으며 어머니께 이야기했다.

"나고야에서 좋은 이야기 많이 들어서 좋았어요. 근데 어머니, 죽는 게 그리 고통스럽지는 않다고 해요. 나카무라 선생이 그렇게 말했어요."

너무 뜻밖의 이야기였는지 어머니의 눈이 둥그레졌다.

"죽을 때가 되면요, 마치 꿈결처럼 기분이 좋아진대요. 그래서 무서워할 필요가 없대요. 뇌에서 모르핀이 나와서 고통을 못 느낀대요."

어머니는 "오, 그래?"라며 놀라면서도 뭔가 안심이 되는 듯한 표정이었다.

"13년 전 아버지가 돌아가셨을 때는 나도 잘 몰라서 구급차를 불렀지만 어머니를 보낼 때는 구급차는 부르지 않을 거니까 걱정 마셔요. 지금 생각하면 아버지가 병원에 도착했을 때 이미 돌아가셔서 연명치료를 받지 않은 게 천만다행이에요. 어머니는 걱정 마셔요. 나도 이제 죽음이 뭔지 알고 있으니까요."

나는 의기양양하게 이야기를 이어갔다.

"나카무라 선생은 물을 한 방울도 마시지 못하는 상태가 되면 꿈결처럼 기분 좋게 저세상으로 갈 수 있대요. 어머니는 꿈결 코스로 정했으니까 그날이 올 때까지 좋아하는 고기 실컷 먹고 즐겁게 살아요."

어머니의 얼굴은 예전에 본 적이 없는 기쁨으로 가득 차 있었다. 설마 일본 최고령자가 되겠다고 생각하고 계신 건 아니겠지? 그럼 곤란하다.

"어머니, 어디 한번 시험 삼아 죽어볼까요?"

장수 지옥

이 농담에 둘이서 정말 오랜만에 박장대소하며 웃었다. 어머니는 부엌에서 소녀처럼 콧노래를 불렀다. 건강하고 밝게 하루하루를 보내는 어머니도 역시 죽음은 두려울 것이다.

장수가 행복인 시대는 저물고 장수가 힘든 시대가 되었다. 앞으로 인간의 수명이 얼마나 더 늘까? 생각만 해도 현기증이 나지만 장수와 행복이 정비례하지 않는다는 것만큼은 확실해 보인다.

이번 취재를 도와준 분들에게 뭐라고 감사를 드려야 좋을까? 취재 전의 나와 취재를 마친 나는 전혀 다른 사람이 되었다.

오래 살고 싶지 않다는 것에는 변함이 없다. 하지만 그때가 언제일지는 몰라도 최선을 다해 현재를 살고 싶어졌다. 나의 죽음으로 향하는 여행은 이제 막 시작되었다.

참고문헌

《大往生したけりゃ医療とかかわるな-「自然死」のすすめ》中村仁一

　　《편히 죽고 싶다면 의료에 의지하지 마라-'자연사' 추천》나카무라 진이치）

《大往生したけりゃ医療とかかわるな-「介護編」》中村仁一

　　《편히 죽고 싶으면 의료에 의지하지 마라-'간병편'》나카무라 진이치）

《どうせ死ぬなら「がん」がいい》中村仁一, 近藤誠

　　《어차피 죽을 거라면 '암'이 좋다》나카무라 진이치, 곤도 마코토）

《人間の死に方》久坂部羊《인간의 죽는 법》구사카베 요）

《思い通りの死に方》中村仁一, 久坂部羊

　　《생각대로 죽는 법》나카무라 진이치, 구사카베 요）

《安楽死を選ぶ》シャボットあかね《안락사를 선택하다》샤보토 아카네）

《死にカタログ》寄藤文平《죽음 카탈로그》요리후지 분페이）

《人間らしい死にかた》Sherwin B. Nuland《인간답게 죽는 법》셔윈 B. 뉴랜드）

장수 지옥

《「平穏死」のすすめ》石飛幸三 《평온사 추천》 이시토비 코조)

《単身急増社会の希望》藤森克彦
　　　　《혼자가 급증하는 사회의 희망》 후지모리 카쓰히코)

《欧米に寝たきり老人はいない》宮本顕二、宮本礼子
　　　　《서구에는 침대 생활을 하는 노인이 없다》 미야모토 겐지, 미야모토 레이코)

《痛くない死に方》長尾和宏 《아프지 않게 죽는 법》 나가오 카즈히로)

《自死の日本史》Maurice Pinguet 《자살의 일본사》 모리스 팽게)

《入り舞 – 楽しく素敵に老いを寿ぐ》三浦眞澄
　　　　《마지막 – 즐겁고 멋지게 늙어감을 축복한다》 미우라 마스미)

《長寿と性格》Howard S. Friedman, Leslie R. Martin
　　　　《장수와 성격》 하워드 S. 프리드먼, 레슬리 R. 마틴)

장수 지옥

1판 1쇄 인쇄	2019년 6월 13일
1판 1쇄 발행	2019년 6월 20일

글쓴이	마쓰바라 준코
옮긴이	신찬

펴낸이	이경민
펴낸곳	(주)동아엠앤비
출판등록	2014년 3월 28일(제25100-2014-000025호)
주소	(03737) 서울특별시 서대문구 충정로 35-17 인촌빌딩 1층
전화	(편집) 02-392-6901 (마케팅) 02-392-6900
팩스	02-392-6902
전자우편	damnb0401@naver.com
SNS	🄵 🄾 blog

ISBN 979-11-6363-051-7 (03330)